Klavierwelten

Carl Bechstein

Klavierwelten

Faszination eines Instruments

Herausgegeben
von der C. Bechstein Pianofortefabrik Aktiengesellschaft
und Berenice Küpper

nicolai

Inhalt

C.BECHSTEIN

BECHSTEIN

Ich gratuliere der Firma Bechstein ganz herzlich zum
150. Geburtstag und wünsche ihr weiterhin solch klangvolle Erfolge auf höchstem Niveau, die ich schon immer sehr genossen habe.

Mit allen guten Wünschen

Zubin Mehta

150 Jahre Musikkultur zwischen Kunst und Kommerz

Worum geht es? Natürlich um Musik, um Leidenschaften, um Glück, um Lust und Schmerz beim Musizieren. Um das Eintauchen in die Welt der Musik. Und immer wieder um Grundfragen im Leben des Musikers und im Leben des Musikliebhabers. Wie leben, fühlen und denken bekannte Pianisten, Dirigenten, Sänger, Musikmanager, Kritiker, Intendanten, was ist ihnen wichtig?

C. Bechstein, gegründet 1853 – C. Bechstein im Jahre 2003: Dazwischen liegen 150 Jahre Leidenschaft für das »Instrument der Instrumente«, ein Stück Musikkultur zwischen Kunst und Kommerz – für die Pianofortefabrik Bechstein ein würdiger Anlass, sie alle zusammenzubringen und zum Thema Musik zu Wort kommen zu lassen.

Das Pianoforte ist und bleibt ein musikalischer Hauptdarsteller: Ein Pianist kann an seinem Flügel zugleich Komponist, Dirigent und Interpret sein. Wer möchte nicht Klavier spielen können? Klaviermusik hat einen bedeutenden Anteil am persönlichen Musikerlebnis vieler Menschen gestern wie heute. »Musik ist ein Lebensmittel«*.

Außerdem: Ein historischer Teil rekapituliert wichtige Stationen des Klaviers, der Klaviermusik wie des Hauses Bechstein. Wie geht es einem der letzten Flügel- und Klavierhersteller in einer modernen Welt? Die bewegte Geschichte der weltbekannten Marke Bechstein, ihre Vergangenheit, Gegenwart und eine spannende Zukunft, beleuchtet mit feuilletonistischem Zungenschlag.

Ein Kaleidoskop von Ansichten, Philosophien, Überzeugungen zur Musik und zur Musikwelt von heute und morgen – so vielfältig wie die Faszination, die das Instrument Klavier auf uns ausübt. Eine der vielen spannenden Einsichten: Als eines der letzten Mythen ist das Klavier wichtiger denn je zuvor …

Wir danken allen Autoren und Interviewpartnern für ihre inspirierenden Gedanken und dafür, dass sie uns einen Blick in ihre Herzen gewährt haben. Wir danken für die vielen Porträtzusendungen – ein Kaleidoskop als Spiegelbild einer lebendigen Musikkultur.

Wir machen darauf aufmerksam, dass hiermit keine Alleinstellung bzw. Bevorzugung der Beziehung zu Bechstein besteht bzw. bestanden hat. Die Beiträge und Abbildungen sind im globalen Feld von Musikleben und Kultur zu betrachten.

Berenice Küpper
C. Bechstein Pianofortefabrik AG, Berlin 2003

* Franz-Xaver Ohnesorg

Joachim Kaiser

Vivat Bechstein!

Über das so genannte Goldene Zeitalter der Klaviermusik, über die Epoche des Virtuosentums oder des häuslichen Vierhändigspielens lächeln manche Späteren blasiert. Vielleicht vermögen das Jubiläum der Klavierfirma Bechstein und dieses Würdigungsbuch in Erinnerung zu rufen, wieviel Kultur, Lebensqualität und musikalisches Glück ein schönes großes Instrument, ein Bechstein-Flügel uns armen Erdenbürgern spendet.
Ein solcher Flügel verändert das Leben. Man dringt, fleißig, über Durststrecken hinwegkommend, übend, sich vervollkommnend, in eine tönende Welt ein, wie sie anders auf keine Weise zu haben ist. Es geht um den unausschöpflichen Bezirk der Solo-Literatur für Klavier. Und um noch mehr: Wer allein, oder vierhändig, sich Sinfonien erobert (mit echtem Gefühl und falschem Fingersatz) stößt tiefer in diese Werke als derjenige, der sie hundertmal von Schallplatten hört. Man ist dann – spielend, arbeitend, schwitzend, selig – *in* der Musik, nicht bloß neben ihr. Macht sie sich zum Eigentum. Ungezählte Musikfreunde fanden so auf Bechstein-Tasten den Weg ins Herz der Frau Musica.
Der Tag, an dem man einen Bechstein-Flügel erwarb oder erbt, ist ein Lebensdatum. Musikmachende hängen an ihren Instrumenten, lieben, verfluchen sie. Der schwierige Hans von Bülow, mit dem Firmengründer Carl Bechstein innig befreundet, rühmte das Instrument auch Dritten gegenüber (am 13. IX. 1881 an Brahms: »bequem in Spielart, edel im Klange«). Ja, er macht es heiter sogar zum Inbegriff der »Überlegenheit«. Wenn er nämlich Helene Raff schmeichelt, sie schriebe ihm so fabelhaft gescheite Briefe, und ihm sei darum bei der Korrespondenz »zu Muthe … als spielte ich mit einem Partner, der einen famosen Concert-Bechstein bearbeitete, während ich nur altes Tafelclavier vor mir hätte und auf diesem nun die Replik geben müsste!« Klavierbesessene werden auch Bülows Trauer begreifen: »Bechstein hat mir unaufgefordert ein schönes Instrument in meine Wohnung stellen lassen, dessen Klang mich allerdings entsetzlich wehmüthig stimmt, weil ich zurzeit absolut nichts mehr darauf leisten kann.«
Jeder Musikmensch liebt sein Klavier ganz individuell – davon wissen jene Reichen nichts, die einen Mercedes für selbstverständlich, doch einen Flügel für allzu kostspielig halten. Bechstein baute vor dem Ersten Weltkrieg 5000 Flügel pro Jahr. Wurde hochgeschätzt von den Größen der Musikwelt zwischen Wagner, Liszt und Klindwörth. Die bedeutende Berliner Firma besaß Weltruf. Als deutsches Unternehmen litt sie freilich mehr als die ausländische Konkurrenz unter den Weltkriegen. Die Filiale in London wurde 1915 enteignet. Keine Bechstein-Hall mehr. Sondern nur Wigmore Hall. 1945 Totalschaden in Berlin …
Wer wüsste es nicht: zu kleine Wohnungen, Neubauten mit miserabler Lärmdämmung, eine Epoche elektroakustischer Berieselung, konzentrations- und übefeindliche »anything goes«-Lässigkeit: alles das steht heute dem Eigenheim-Bechstein, sowie einem Goldenen Zeitalter großer Klaviermusik entgegen. Doch regt sich nicht mittlerweile in vielen jungen Leuten die Ahnung, was große Musiktradition bedeutet? Gerne sage ich's fortissimo: Jeder neu erbaute, neu erworbene, liebevoll genutzte Bechstein ist wie ein kleiner Sieg im großen Kampf gegen die Barbarei.

Herzliches Gratulations-Dur zum Jubiläum!

Dieter Hildebrandt

Greift nur hinein ins volle Tastenleben! Eine kleine Philosophie des Klaviers

Haben wohl noch nie in einer Schlacht gestanden?

Nein. Und Excellenz haben nie Klavier gespielt?

Dialog zwischen einem russischen General und Franz Liszt

Zwei Jahre vor dem annus mirabilis des Klaviers – dem Wunderjahr 1853, als gleichzeitig die Firmen Bechstein, Blüthner und Steinway (New York) gegründet wurden – verschaffte Arthur Schopenhauer dem Klavier so etwas wie philosophische Weihen. In seinen »Aphorismen zur Lebensweisheit« machte er sich Gedanken über den Menschen und sein Selbstbewusstsein, vor allem »über unser Verhalten gegen uns selbst«, und begibt sich dazu in eine höchst verblüffende Argumentation: »Hingegen, wer ein ganzer Mensch ist, der stellt eine Einheit und keinen Bruch dar, hat daher an sich selbst genug. Man kann, in diesem Sinne, die gewöhnliche Gesellschaft jener russischen Hornmusik vergleichen, bei der jedes Horn nur einen Ton hat und bloß durch das pünktliche Zusammentreffen aller eine Musik herauskommt … Dagegen ist der geistvolle Mensch einem Virtuosen zu vergleichen, der sein Konzert allein ausführt; oder auch dem Klavier. Wie nämlich dieses, für sich allein, ein kleines Orchester, so ist er eine kleine Welt, und was jene alle erst durch das Zusammenwirken sind, stellt er dar in der Einheit eines Bewusstseins. Wie das Klavier ist er kein Teil der Sinfonie, sondern für das Solo und die Einsamkeit geeignet: Soll er mit ihnen zusammenwirken, so kann er es nur als Prinzipalstimme mit Begleitung, wie das Klavier; oder zum Tonangeben bei Vokalmusik, wie das Klavier.«

Kann man Stolzeres über »unser« Instrument sagen? Das Klavier – Ebenbild des ganzen Menschen. Das Klavier als der Inbegriff von Souveränität, Selbstgewissheit und Überlegenheit. Das Piano als Modell eines Menschentums, das alle Tugenden der Unabhängigkeit, der Tatkraft und der Selbstentfaltung besitzt und praktiziert. So ein Mensch gibt in jeder Bedeutung des Wortes den Ton an. Und mit dem Impuls von Schopenhauers Worten könnte man Goethes Satz aus dem »Faust« folgendermaßen transponieren: »Greift nur hinein ins volle Tastenleben …, und wo ihr's packt, da ist's interessant.«

Der Philosoph mag, als er seine kühne Analogie niederschrieb, an jene Episode gedacht haben, die 1838 Ferdinand Ries in seinen »Biographischen Notizen über Ludwig van Beethoven« als Mitbeteiligter beglaubigt hatte; an jenen Vorfall, der den autoritativen Rang des Klaviers aufs Unerhörteste klarstellte: an Beethovens berühmten Ausbruch in einer Wiener Adelsgesellschaft vor zwei Jahrhunderten. Da will er mit eben diesem Ferdinand Ries einen fast noch tintenfrischen Marsch aus der Taufe heben; die Zuhörer schweigen, bis auf einen ungeniert plaudernden Grafen. Dem verschlägt es erst die Sprache, als Beethoven (»der ungeleckte Bär«, Cherubini) vom Instrument aufspringt und in die erlauchte Runde ruft: »Für solche Schweine spiele ich nicht!«

Es ist ein Satz mit vielen musikhistorischen und -ästhetischen Implikationen. Er will der Musik Respekt verschaffen gegenüber dem Geschwätz; er will dem Adel Manieren beibringen vor der Hoheit der Kunst; aber er setzt zugleich dem Klavierspieler ein bleibendes (und verpflichtendes!) Denkmal: Der Künstler behauptet sich in seinem Reich. Für Adorno war Beethoven »der musikalische Prototyp des revolutionären Bürgertums. In ihm wird das Wesen der Gesellschaft zum Wesen der Musik selbst.«

Aber es ist eben kein Zufall, dass dies sich vor allem am Klavier ereignet. Das Klavier ist – im Schopenhauer'schen Sinn – jenes Soloinstrument, das zugleich Universalinstrument ist, »eine kleine Welt«. Das bedeutet nicht nur, dass einer allein es spielen kann. Es heißt zuallererst, dass einer allein sich »aufs Spiel setzt«. Dass er nicht nur Meister seiner Kunst, sondern auch Herr seiner Entschlüsse sein muss. Und gerade dies zeigt sich an der Beethoven-Episode: Das Klavier ist wichtig auch dann, wenn es gar nicht gespielt wird – als Instrument der Verweigerung, als Medium des Widerstands, als musikalische Barrikade.

Aber die Philosophie des Klaviers schreibt sich ja nicht erst von Schopenhauer her.

Wenn es überhaupt einen gibt, dann ist William Shakespeare der Ahnherr. Zwar konnte er vor vierhundert Jahren noch nicht von dem modernen Instrument sprechen, wie es seit 1853 fast unverändert die Zeitenwechsel überdauert hat, sondern nur vom Virginal, aber die Idee des Klaviers hat er auch schon auf der kleineren zierlichen Spielfläche erfasst. Er hat als erster die Erotik des Klavierspiels zur Sprache gebracht; im 128. Sonett erweist er der Tastatur geradezu mit einem Eifersuchtsanfall die Ehre:

Wie oft, wenn du, mein Lieb, ein Lied mir spielst
Und über diese leichtbewegten Tasten,
Mit denen du beseligend ins Ohr mir zielst,
Die Kuppen deiner süßen Finger hasten –

Beneide ich die kecke Tastatur,
Die küssen darf das Inn're deiner Hand,
Das leidenschaftlich meinen Lippen nur
Gehören sollt, als Liebesunterpfand.

Ach, würden diese Lippen einmal so berührt,
Wie jenes tanzbeschwingte Holz,
Dass alle Töne-Tage deine Finger spürt –,
Mit ihm zu tauschen, ja, das wär' mein Stolz.

Doch wenn der freche Klotz geküsst sein muss:
Reich ihm die Hand, die Lippe mir zum Kuss.

Im Sprung über zwei Jahrhunderte hinweg sind wir bei einem anderen schwärmerischen Philosophen des Klaviers, Friedrich Schiller, der es in seinen frühen, rabiaten, revolutionären »Räuber«-Jahren gern hatte, wenn im Hintergrund Klavier gespielt wurde; eine erste Liebe, die das offenbar gut konnte, verklärte er zur »Laura am Klavier«. Die Verse lesen sich einerseits als ziemlich groteskes Liebesgedicht, das den Dadaisten alle Ehre gemacht hätte; andererseits machen sie, in der Nachfolge Shakespeares, »die kleine Welt« zu einer gespenstisch großen, verwandeln sie die bloße Bewunderung schon in jenen magischen Kult, der bis heute ungebrochen um die großen Pianisten heraufbeschworen wird; das Klavier als Pandämonium:

Wenn dein Finger durch die Saiten meistert,
Laura, itzt zur Statue entgeistert,
Itzt entkörpert steh ich da.
Du gebietest über Tod und Leben …

Und über eine offenbar besonders schöne Stelle:
Seelenvolle Harmonien wimmeln,
Ein wollüstig Ungetüm,
Aus den Saiten, wie aus ihren Himmeln
Neugeborne Seraphin …

Es ist, als habe Schiller nicht irgendeine Laura, sondern schon Franz Liszt spielen hören. Jenen Franz Liszt, dem der Begriff »Philosophie des Klaviers« gewiss gut gefallen hätte, denn es war wohl nicht nur Schabernack, sondern auch künstlerischer Anspruch, der ihn einmal zu folgendem Eintrag in das Fremdenbuch eines Hotels veranlasste: »Musiker-Philosoph, geboren auf dem Parnass, kommend vom Zweifel, weiterreisend zur Wahrheit.« Selbst noch im Titel seiner »Etudes d'éxécution transcendante« irrlichtert – neben dem stolzen Hinweis auf die zum äußersten gesteigerten klavieristischen Schwierigkeiten – so etwas wie ein philosophischer Anspruch: Mit dem Begriff »transcendante« geht wie ein verborgenes Thema die Sonne der Transzendenz selber auf. Die Etüden bedeuten die Entrückung in jene Sphäre, wo Klavierspiel zur Utopie wird, zum Glissando der Virtuosität in die Wahrheit.

In seinem höchst kritischen Nachruf auf Paganini entwickelt Liszt, ganz im Sinne Schopenhauers (dessen Abhandlung er aber noch nicht gelesen haben kann), ein Bild des Künstlers als eines freien Menschen, eines überragenden Charakters: »Die Kunst nicht als bequemes Mittel für egoistische Vorteile und unfruchtbare Berühmtheit auffassen, sondern als eine sympathische Macht, welche die Menschen vereint und einander verbindet, das eigene Leben auszubilden zu jener Würde, die dem Talent als Ideal vorschwebt.« Unausgesprochen ist das ein Plädoyer für das Klavier. Denn will Kunst wirklich als »sympathische Macht« die Menschen vereinen und verbinden, so kann das eben nicht mehr durch die solistische und solipsistische Seelennähe der Violine geschehen, sondern durch ein Instrument, dem der Spieler, indem er davor sitzt, im Namen aller Zuhörer gewissermaßen nur vorsitzt. Gerade, weil (damals) alle Welt Klavier spielte, exekutierte der Virtuose am Flügel die geheimen Wünsche von jedermann. Klavierspiel als erfüllter Traum.

»Eine kleine Welt für sich«: das Klavier als eine eigenständige Klangwelt, ein Töne-Theater, ein klingendes Universum. Die 88 Tasten – die auf den heutigen Klaviaturen die Norm sind – können zugleich als Chiffren für die doppelte Unendlichkeit, für zwei Endlosschleifen gelesen werden: einmal als Signatur für die Unerschöpflichkeit ihres musikalischen Schatzes, zum andern als Zeichen für die Unbegrenztheit des spielerischen Potenzials. Niemand hat das schöner gesagt als Alessandro Barrico in seiner Geschichte vom »Ozeanpianisten«: »Denk doch mal, ein Klavier. Die Tasten fangen an, die Tasten hören auf. Du weißt, es sind achtundachtzig, daran ist nicht zu rütteln. Du, du bist ohne Ende, und ohne Ende ist auch die Musik, die Du auf den Tasten spielen kannst ...« Und niemand kürzer und verheißungsvoller als Alfred Brendel: »Das Klavier kann alles.«

Die Magie der 88 klingt auch in der Geschichte an, die Morton Feldman von einem Besuch Stockhausens bei ihm in New York erzählt hat: Stockhausen erlebt ihn bei der tüfteligen Arbeit an einem neuen Klavierstück und fragt: »Willst du mir weismachen, dass du jedes Mal, wenn du eine Entscheidung triffst, aus achtundachtzig Noten wählen musst?« Und dann Feldmans zauberhafte Antwort: »Karlheinz, achtundachtzig Noten sind gar nichts für einen New Yorker!«

Das Klavier ist in seiner grandiosen schwarz-weißen Offenheit zugleich äußerste Ordnung – einen »Leitz-Ordner für Töne« habe ich es in meinem Buch »Pianoforte« genannt – und eine Terra incognita für die Finger. Es ist das Experimentierfeld für den Komponisten, es ist das Hochseil für den Virtuosen, aber es ist auch Spielraum für den Dilettanten. Nichts bezeichnet die Verlockung des Klaviers auch für den Laien so deutlich wie der enthusiastische Satz des Filmemachers Wolfgang Becker: »Klavier spielen macht ja glücklich – insbesondere, wenn man es nicht kann und keiner zuhört.«

Dies eben ist das Mirakel des Klaviers, das auch seine »transzendente« Qualität ausmacht: Es gibt immer Antwort. Es ist über alle Maßen menschenfreundlich. Selbst dem, der es mit der Faust traktiert, antwortet es noch mit einer Art Akkord. Wer den ganzen Unterarm auf der Tastatur ablegt, erzeugt einen Cluster. Wer die Klaviatur in einem Wisch abstaubt, produziert ein Glissando. Von einem offenen Klavier oder Flügel geht – wie jeder bestätigen wird – eine Versuchung aus, eine Verlockung, geradezu ein Sog: Man kann nicht widerstehen.
Und noch ein wichtiger Aspekt: *Das Klavier hat es in sich.* Denn wenn auch das größte Wunder des Instruments der Klang ist – sein singender oder brillanter oder warmer Ton –, so ist das nächst größere seine Lautlosigkeit. Denn der einzelne Klavierton ist gewissermaßen das Spitzenprodukt eines ungeheuer rastlosen, genial aufeinander abgestimmten Betriebssystems. Unterhalb der wenigen Töne einer Mozart-Kantilene oder einer Chopin-Fioritur arbeitet ein Kraft- und Hebelwerk in tiefster Stille und Diskretion. Hier ist eine Art Staatswesen am Werk, das einzig dazu dient, die königliche Pracht der idealen Frequenzen auszustellen. Und es soll ja niemand je daran denken müssen, dass die Hammerklaviersonate, während sie sich abspielt, nicht weniger als eine Viertelmillion Hebel in Bewegung setzt; dass der kompositorischen Unerhörtheit eine mehrfache Unhörbarkeit dienstbar ist.
Vielleicht auch deshalb die Ausstrahlung der Klaviatur: weil sich dahinter, im Innern des Instruments, eine Schatzkammer befindet, in der alles versammelt ist, was drei Jahrhunderte an Ingenium, Tüftelei, Materialkenntnis, pianistischer Erfahrung, Präzisionsekstase, Trial and Error und Familientradition sich haben einfallen lassen.
Aber eine letzte Frage in unserer kleinen Philosophie des Klaviers bleibt noch: womit denn eigentlich das Klavier gespielt werde? In der langen und eher schwarzen Geschichte der Klavierpädagogik gibt es kaum einen Körperteil zwischen Rücken und Handgelenk, Schulterpartie und Oberarm, der nicht schon zur Verantwortung gezogen worden ist. Am weitesten gingen die Meinungen zwischen Walter Gieseking, der es mit dem Ohr zu spielen behauptete, und Anton Rubinstein auseinander, der die kuriose Ansicht vertrat, das Klavier werde mit den Füßen gespielt, denn das Pedal sei die Seele des Pianos. Am plausibelsten erscheint mir immer noch die Meinung Strawinskys: »Man soll die Finger nicht verachten, sie geben uns viele Anregungen, und im Kontakt mit dem klingenden Instrument erwecken sie Ideen, die im Unterbewusstsein schlummern und sonst verborgen bleiben würden.«
Das führt zurück zum Grundsätzlichen. Schon Denis Diderot hatte erklärt: »Unsere Sinne sind ebenso viele Klaviertasten, die von der uns umgebenden Natur angeschlagen werden und die sich oft genug selbst anschlagen.« Das ist ein sensationeller Befund: Da wird, hundert Jahre vor Schopenhauer, nicht das Klavier mit dem Menschen verglichen, sondern, umgekehrt, der Mensch mit dem Klavier. Ehe der Gegensatz sich aber zur Paradoxie steigert, sei hier als ideale Lösung angeboten: Der Mensch *am* Klavier.

Duplex Scala der Bechstein-Flügel

Alfredo Perl
Maurizio Pollini
Boris Berezovsky

Anthony und Joseph Paratore
Christian Zacharias
András Schiff

Susanne Kessel
Anna Gourari
Arcadi Volodos

Friedrich Höricke
Grigory Sokolov
Bernd Glemser

Lars Vogt
Emanuel Ax
Eugène Mursky

Was wäre ein Buch über Musik und Musiker ohne Repräsentanten der heutigen Konzertkultur? Unabhängig von einer Beziehung zu einem Flügel-Hersteller hat Bechstein renommierte Künstler gebeten, mit einem Porträt im Jubiläumsband dabei zu sein. Dies stieß auf so große Resonanz, dass nicht alle Foto-

Filippo Gamba
Markus Groh
Steven Osborne

Idil Biret mit Wilhelm Kempff
Lazar Berman
Anatol Ugorski

Andreas Grau
Michele Campanella
Carmen Piazzini

Götz Schumacher
Roberta Pili
Konstantin Lifschiz

Vladimir Ashkenazy
Lylia Zilberstein
Enrico Pace

grafien ihren Platz finden konnten. Wir möchten uns an dieser Stelle bei allen Pianisten herzlich bedanken und freuen uns auf die Zukunft, in der wir hoffentlich viele von Ihnen an unseren neuen Konzertflügeln als Botschafter Ihrer Interpretationen hören werden. Bechstein hat ein neues Kapitel begonnen.

Leidenschaft Musik

Es hat mit der Suche nach Liebe zu tun – **Anatol Ugorski**

Sie haben eine große Studentenklasse. Was fasziniert die jungen Leute am Klavierspiel?

Eigentlich müsste man die Studenten selbst fragen. (Lächelt.) Ich glaube, das Verhältnis zur Musik baut sich auf, wenn ein Mensch den richtigen Kontakt zur Musik hergestellt hat – meist geschieht das als Kind. Hat es einmal ein vitales musikalisches »Aha«-Erlebnis gegeben, verbunden mit einer persönlich gefärbten Emotion, dann wird man sich davon nicht mehr lösen können. Die eigenen Ansichten, das Weltbild, die Gefühle mögen sich mit der Zeit ändern. Aber die grundsätzliche Beziehung zur Musik bleibt bestehen.

Wie baut sich denn eine solche Beziehung auf?

Das Kind muss durch sein eigenes kindliches »Musizieren« – durch seine eigene Stimme, den eigenen Körper, durch Fingerbewegungen, Tanzen oder Singen, also durch etwas, das nicht mit Technik zu ersetzen ist – die Verbindung zur Musik lebendig erspüren.
Die Musik ist eine sehr treue Dame, einmal gefunden, bleibt sie uns erhalten, in diesem Fall ist die Liebe konstant.
Wenn Sie sich professionell mit Musik beschäftigen, wechseln sich selbstverständlich Phasen des Zweifels, der Euphorie, der Überzeugung ab, das gehört zum Musikerleben dazu, aber die Grundsatzfrage, ob für das eigene Leben eine andere Existenzform in Frage kommt, als sich mit der Musik zu beschäftigen, stellt sich nicht mehr. Die Entscheidung ist gefallen in dem Moment, in dem die Flamme der Begeisterung entsteht. Dann bleibt man ein Leben lang mit dem »Virus« infiziert.
Begeisterung kann auch durch passives Hören entstehen und durch die Beobachtung, wenn andere begeistert musizieren. Aber die stärkste Beziehung entsteht sicher durch das eigene Musizieren, auch wenn es noch so bescheiden ist – es ist beileibe nicht das virtuose Beherrschen eines Instruments vonnöten.

Die Art der Vermittlung entscheidet über Lust oder Frust?

Es gibt immer noch große, ungelöste Probleme beim Unterrichten von Kindern; in Russland wie in Deutschland und anderswo. Man verwechselt die Beherrschung eines Instruments und die musikalische Entwicklung. Dabei sind das zwei völlig verschiedene Dinge. Unter der Beschäftigung mit Musik versteht man fast ausschließlich das Erlernen eines Instruments. Von einem Kind wird erwartet, dass es bald imstande ist, ein Stück zu bewältigen, es also irgendwie für unsere Ohren akzeptabel darzustellen. Was dabei in seiner Seele, in seinem Kopf passiert, scheint sekundär. Ich habe kaum jemals ein Kind gesehen, das nicht begeistert wäre und irgendwie mitmachte, wenn man ihm in der ersten Unterrichtsstunde ein Instrument vorstellt, wenn man ihm eine Stück vorspielt. Es ist immer motiviert, egal wie chaotisch seine Anteilnahme zum Ausdruck kommt. Doch dann beobachte ich stets das Gleiche. Alles Spontane wird im Keim erstickt. Das ganz natürliche Improvisieren, mal so, mal so zu spielen, wird verhindert. Natürlich ist es auf der Ebene eines »Fortgeschrittenen« wichtig, die Musik genau zu spielen, genau zu singen – aber am Anfang spielt das keine Rolle. Genauigkeit, Punktualität sind alles Tugenden, sie sind aber mit der Vitalität nicht unbedingt deckungsgleich. Und da brauchen wir ein Umdenken.
Ich klinge jetzt idealistisch, die Gesellschaft hat genug andere Probleme, aber es handelt sich um ein über Generationen tradiertes, multipliziertes, grundsätzliches Missverständnis in der Herangehensweise. Bedenken wir einmal, wie viele Studenten in der ganzen Welt jährlich an Musikhochschulen studieren. Astronomische Zahlen sind das. Wie viele dieser Studenten setzen dann dieses »sich selbst reproduzierende« System fort, ohne etwas anderes in Betracht zu ziehen.

Vertrauen wir uns der Beherrschung von vordergründigen Techniken an und vergessen das Wesentliche? Weg vom Menschen?

Ich weiß nicht, wie es in anderen Disziplinen ist, in der Naturwissenschaft, der Geisteswissenschaft, und inwieweit man versucht, ein Kind auf die Sinnfrage zu bringen. Man vermittelt Methoden, das Addieren, das Subtrahieren. Die meisten Menschen scheinen später überhaupt keine Ahnung zu haben, wozu die Quadratwurzelformel oder Ähnliches erdacht wurde. Ohne Erkenntnisse über den Zusammenhang mit philosophischen oder mathematischen Überlegungen in der Entstehungsphase klingen Formeln wie Folterinstrumente. Auch lernt man nicht, den Kern vom bloßen Rüstzeug zu unterscheiden.
Als Lehrer kenne ich das musikalische Potenzial meiner Schüler. Ich höre zum Beispiel, wie ein bestimmter Student mit sensiblem Ohr und vollkommenem Verständnis für die verschiedenen musikalischen Ebenen und Bedeutungen ein Stück sehr gut interpretiert, und ausgerechnet dieser begabte Mensch wird in der Harmonielehre schlecht beurteilt – das ist doch ein trauriges Ergebnis. Jede Wissenschaft, aber auch die Musik hat einen Kern: Wenn Sie »drin« sind, in der Materie stehen, können Sie kammermusikalisch oder solistisch etwas ausdrücken. Nicht unbedingt so gut wie Mozart oder Mussorgski. Aber Sie könnten etwas komponieren, wenn es darauf ankommt, könnten eine Kadenz zum klassischen Klavierkonzert selbst improvisieren oder einen Laienchor leiten. Wenn Sie aber außen vor bleiben, haben Sie nicht mehr als ein gewisses musikalisches Rüstzeug – Sie wissen, wenn Sie bestimmte Tasten drücken, führt das zu einem bestimmten Ergebnis, wenn auch miserabel genug. Der Unterschied von »drin« und »außen vor« ist ganz eindeutig. Es gibt nette Leute, die keine Ahnung haben, dass sie immer außen vor bleiben. Und in der Musik kann man lebenslang vortäuschen, etwas zu verstehen.

Solange die Zuhörer es nicht bemerken?

Die Zuhörer im Saal verbinden sich unwillkürlich zu einer kollektiven Gruppe. Es entsteht ein unterschwelliges Gefühl, es wird still, manchmal besonders still, wie im Grab. Diese Stille hat verschiedene Charakteristika. Wenn ich spiele, habe ich das Gefühl, eine Stille sei produktiv, ein anderes Mal scheint die Stille ein Ausdruck von Gleichgültigkeit zu sein, von Abneigung, manchmal von Verwunderung. Ich kann es nicht rational begründen. Wenn die Musik vorbei ist, beeinflussen die Zuhörer sich gegenseitig. Es gibt Menschen, denen man Autorität beimisst, und Menschen, die von Natur aus unsicher sind, die Autorität als Orientierung brauchen. Die Mehrheit scheint unsicher zu sein, sie schließt sich dann der Meinung der Autorität an. Nur wenige bleiben bei ihrer guten Meinung, wenn eine Zeitungskritik schlecht war. Das ist ein sehr labiles Fluidum. Ein Berufskritiker muss vielleicht von Beruf aus unzufrieden sein? Ich frage mich oft, warum man die Meinung eines einzigen Zuhörers abdruckt. Es ist nicht logisch. Warum sollte ein bestimmter Mensch die Kompetenz haben, tausend andere zu beeinflussen.
Das Publikum spielt eine wichtige Rolle – ist Meinungsbildner – teilt die Begeisterung anderen mit.

Sind Zuhörer heute durch die Musikkonserven geprägt und weniger offen?

Ich habe nichts gegen Musikaufnahmen. Im Gegenteil. Aber jede Aufnahme dokumentiert eine Momentaufnahme. Man darf das nicht mit einer letzten Wahrheit verwechseln, doch gerade das scheint zu passieren.
Ich bin hoffnungslos romantisch. Der Mensch geht, vordergründig betrachtet, aus unterschiedlichen Gründen ins Konzert. Weil der Partner es wünscht, weil man den Kindern ein kulturelles Ereignis aus pädagogischer Sicht bieten möchte, weil die ganze Stadt geht oder eben nicht geht, weil es jetzt Mode ist, weil man sich zeigen will. Es gibt tausend Gründe. Aber der eigentliche Antrieb für einen Konzertbesuch ist doch die Hoffnung, dieses Mal

der Schönheit zu begegnen, betroffen zu werden und selbst dadurch »gebessert«. Es hat mit der Suche nach Liebe zu tun. Der positive Höreindruck bereinigt von negativen Erlebnissen. Ist das herrliche Ereignis einmal eingetreten, kommt man gern wieder, in der Hoffnung, dass es in Zukunft wieder geschieht.
Ein Konzert ist eine innere Erweiterung, ein intimer Prozess, Motivation für neue Dinge. Musik verwirklicht sich in der Darstellung, nicht im Nachdenken darüber. Dazu gehören Technik, stilistisches Gespür, die Hauptsache aber ist Liebe. Liebe ist das Motto, das andere Lücken ersetzen kann. Das Wissen, das Stilempfinden allein ersetzt diese Hauptsache nicht, ganz im Gegenteil, sie kann sie töten. Ich kann niemanden begeistern, wenn ich nicht selbst begeistert bin. Gleich wie intelligent, wie geschickt ich bin, es schwappt nicht über, es erreicht den anderen nicht.

Was meinen Sie mit Liebe?

Liebe ist nicht konstant intensiv, sondern eher ein Zustand, der sich vertiefen lässt. Es ist nicht gesagt, dass sie immer präsent ist, aber sie zählt, wenn sie aktiv ist. Wenn ich ein Werk spiele, muss ich es jetzt lieben. Gestrige Begeisterung zählt nicht.
Musik ist durch nichts zu ersetzen.
Die Menschheitsgeschichte zeigt viele grundsätzliche Veränderungen. Alte ägyptische Musik interessiert die meisten von uns nicht, wir haben die geistige Grundlage verlassen. Bach interessiert immer noch, weil eine bestimmte Kontinuität bleibt, weil wir einen Bezug zu seiner Thematik spüren. Man kann vergangene Kulturen auch wiederbeleben. Wer hat sich im 19. Jahrhundert schon für Josquin de Pres oder Palestrina interessiert? Dann ist es gelungen, ihre Musik wieder in unseren Horizont einzubeziehen. Solange der geistige Hintergrund noch Bestand hat, ist der Mensch empfänglich. Als ich noch ein Kind war, hatte ich nicht das Gefühl, dass Chopin oder Schumann schon so lange tot sind. Auch Beethoven schien mir zeitgenössische Musik zu sein. Vielleicht weil Czerny ein Schüler Beethovens war, bei ihm studierte Leschetitzky und bei Leschetitzky schließlich meine Lehrerin – also gibt es eine Verbindung zwischen diesen Lehrergenerationen. Wir gehören alle zu ein und demselben »Baum«.
Für die jungen Leute im 21. Jahrhundert liegt Brahms schon sehr weit zurück. Brahms schrieb seine Werke für eine bestimmte bürgerliche, musikalische Gesellschaft. Er wusste, seine Werke würden abends beim Empfang gespielt, man würde interessiert zuhören und versuchen, die Werke – wenn auch dilettantisch – selbst zu spielen. Es war ein geschlossener Kreis. Diese Gesellschaft ist mit dem Ersten Weltkrieg verschwunden – wohl auf immer. Schade. Natürlich gibt es heute schöne CDs, DVDs mit aller Art von Musik bis Stockhausen. Ich glaube jedoch, dass die Einstellung junger Menschen und meine eigene schon sehr verschieden sind. Ich selbst habe noch einen Hauch dieser alten Art erfahren, sich mit Musik auseinander zu setzen. Ein bisschen auch durch meinen Schulkameraden Thomas Sanderling. Wir hatten damals eine Oase, ein kleines Modell einer Gesellschaft, in der man Musik nicht durch Schallplatten kennen lernte, sondern die Sinfonien vierhändig spielte. Sanderling und ich spielten orchestrale Musik vierhändig, oder er spielte Geige. Wir musizierten wie in den bürgerlichen Häusern – es stand dort ein Bechstein, nicht etwa ein anderer. Natürlich hörte ich später Schallplatten, aber das war eher ein Zusatz. Der Kern, der Grundstein, … (Maestro Ugorski hält inne und lacht) der Grundstein war Bechstein.

Fragen an **Arcadi Volodos**

Wie begann Ihre Liebe fürs Klavier spielen?
Ich habe viele Aufnahmen von Pianisten gehört, mein Vater hatte eine große Schallplattensammlung.

Wie alt waren Sie?
14 Jahre.

Welches Vorbild hat Sie inspiriert?
Der Pianist Rachmaninow.

Welche Rolle spielt das Klavier in Ihrem Leben?
Das ist schwer messbar, aber es spielt eine wichtige Rolle.

Sie sind ein Genie am Klavier. Wenn Sie nicht Klavier spielen würden – was hätten Sie sonst im Leben machen wollen? Es gab sicher viele Möglichkeiten?
Nein, ich hatte mich mit 16, 17 Jahren fest entschlossen, Klavier zu spielen, auch wenn ich den Erfolg nicht voraussehen konnte.

Dirigieren Sie?
Ich habe Dirigierkurse genommen. Aber ich arbeite nicht so gern mit anderen Menschen zusammen.

Sie scheinen so mühelos Klavier zu spielen – so leicht, dass es ein ganzes Universum an weiteren Fähigkeiten im Hintergrund geben muss …
Ja – das ist wohl bei jedem Pianisten so. Wenn das nicht wäre, was für ein Musiker wäre ich dann?

Macht Musik glücklich?
Die Musik macht alles im Leben, sie drückt alles aus, das Glück, die Trauer – sogar mehr, als es im Leben gibt. Mehr als sonst ein Medium.

Hat die Musik Sie verändert?
Darüber habe ich nie nachgedacht. Aber ich glaube, dass alle Menschen, die mit Musik zu tun haben, sehr glücklich sind. Andersherum gesagt, ein Leben ohne Musik wäre leer und trostlos.

Interessieren Sie sich für Kritiken?
Nicht besonders.

Die Zukunft der Konzertkultur – **Vladimir Ashkenazy**

Sie sagen in Ihrer Biografie[1]: »Zu behaupten, dass das intellektuelle, geistige oder ästhetische Klima der Sowjetunion den Menschen zerstört, wäre ganz bestimmt falsch, denn es gibt Beispiele von einzelnen Personen, die sich trotz allem ein eigenes Innenleben und ein gutes Verständnis für die bedeutenden Ereignisse in der Welt aufbauen können.« Glauben Sie, dass es einen Zusammenhang zwischen der Demokratie und der Art der künstlerischen Aussage eines Musikers gibt? Anders gefragt, beeinflusst ein politisches System die Interpretation?

Das ist eine komplexe Frage, auf die es keine pauschale Antwort geben kann. Oberflächlich betrachtet, entwickeln sich die Menschen in einem freiheitlichen System ungehindert. Natürlich gibt es »Einschränkungen« wie Moral, Skrupel, Traditionen, die unsere Denkweise und Mentalität beeinflussen. Dennoch kann sich ein Individuum entscheiden, in welche Richtung es sich entwickeln will, wie es leben, wie es denken will. In einem totalitären Staat ist das eigentlich nicht möglich, denn man wird physisch und geistig eingeengt. Es ist quasi das Motto einer Diktatur, das Individuum auf jede mögliche Weise zu kontrollieren. Aber auch in dieser Hinsicht gibt es Paradoxe. Im Westen kann die fast absolute Freiheit kontraproduktiv werden. Es besteht die Gefahr, dass sich ein Mensch nur noch den eigenen Neigungen und dem Genuss hingibt – dem Erfolg statt der persönlichen Entwicklung. Auch hier bitte keine Verallgemeinerungen. Im Totalitarismus dagegen können die Kreativität, der Antrieb und die Motivation zum Erliegen kommen. Aber sehen Sie sich Schostakowitsch an oder andere Künstler. Die große Spannung, das Leiden unter dem Druck des Systems fördert in manchen, speziell in begabten Menschen den Drang, sich nicht zu unterwerfen. Und im Kampf gegen das System bringen sie künstlerisch unvergleichlich wertvolle Ergebnisse hervor. Leiden kann Menschen zu beispiellosen Leistungen antreiben, es kann durchaus eine Katalysatorfunktion haben. Man muss also bei jeder Fragestellung nach den Einflüssen politischer und gesellschaftlicher Systeme vieles gegeneinander abwägen. Ich bin natürlich für die Freiheit. Der Mensch ist in Freiheit geboren. Einengung kann ich in keiner Form akzeptieren. Niemand hat das Recht, anderen vorzuschreiben wie sie denken und fühlen sollen. Schostakowitschs Werk ist sicher einerseits die Reflexion seiner Erlebnisse, aber seine künstlerische Aussage ist natürlich zu einer universellen überhöht worden, die sich nicht mehr nur auf seine Lebenssituation in seinem speziellen Umfeld bezieht. Das ist ja bei großen Künstlern meistens der Fall.

Durch die erforderliche Kürze Ihrer Antworten auf tiefgreifende Fragen bringe ich Sie in Verlegenheit, weil Sie die Dinge sehr gründlich betrachten. Aber Sie kommen so anschaulich auf ein Fazit, dass ich Sie gern einen »praxisnahen Philosophen« nennen möchte. Sie verstehen es, theoretische Erwägungen mit greifbarer Umsetzung zu verknüpfen.

Ich mag nicht an der Oberfläche bleiben. Leider ist das heute sehr oft der Fall. Aber wenn man Selbstachtung hat und sich bewusst für das Leben entscheidet, muss man als Mensch aufrichtig seinen Prinzipien treu sein. Ich finde es in höchstem Maße verabscheuungswürdig, wenn sich so genannte Führer – religiöse oder politische – unaufrichtig verhalten, das eine predigen und das andere tun. Deshalb habe ich keine Zeit für die Kirche oder für irgendwelche dogmatischen politischen Organisationen. Entweder nehmen sie die Welt nicht richtig wahr, oder sie sind unaufrichtig, scheinheilig.

Machtgelüste korrumpieren mit der Zeit wahrscheinlich alle Organisationen.

Ja, so ist wohl die menschliche Natur. Aber dem muss man Einhalt gebieten. Wenn man seine instinktiven Impulse kontrollieren kann, erscheint das Beste im Menschen, sagte irgendein Philosoph. Aber Menschen lassen sich von ihren negativen Instinkten verführen, ja versklaven.

Sie schreiben, dass in der Sowjet-Ära viele Menschen eine allgemeine Ziellosigkeit an den Tag legten. Ist das nicht genau der Zustand, den wir heute der Überflussgesellschaft ankreiden?

Das stimmt schon, aber im »Westen« haben Sie die Wahl. Wohlstand kann nützlich sein, aber wenn er Ihr einziges Lebensziel ist, dann werden Sie wohl nichts mehr zustande bringen. Wehe, man lässt sich durch den ungebremsten Konsum von den wesentlichen Dingen ablenken. Man braucht Prinzipien, eine Werteorientierung. Kein System ist einseitig gut oder schlecht. In unserem sehr freiheitlichen System gibt es genug Aspekte, genug Spannungsfelder, die uns Probleme machen. Nehmen Sie nur die zwischenmenschlichen Beziehungen. Nehmen Sie ganz einfach Tod und Liebe. Man kann Schwierigkeiten nicht ausrotten. Menschen machen Fehler. Wer könnte behaupten, alles wäre perfekt, es gäbe keinen

Bedarf mehr für Kreativität. Wir müssen zum Beispiel lernen, wie wir mit unserem Wohlstand umgehen. Wir brauchen eine Werteskala.

Sie sagen auch in ihrer Biografie, dass in Russland speziell die emotionelle Einstellung zum Leben kultiviert wird. Und Sie erklären, dass Sie sich gegen eine konformistische Anschauung auch in dieser Hinsicht gewehrt haben und deswegen gerade das ordnende Element in Kompositionen wie z. B. in Mozart lieben. Sie suchen die Balance in der Musik – wie auch im Leben und in ihren Ansichten. Wenn heute russische Musiker erfolgreich sind – mag das Publikum gern emotionalen Überschwang?

Wenn Sie bedenken, wer im Moment an der Spitze ist, dann sind nicht so viele Russen dabei. Ihr Beitrag ist begrenzt. Oft findet man bei ihnen eine Neigung zum Showeffekt. Damit haben sie einen gewissen Erfolg. Aber dann bleiben sie manchmal in ihrer Entwicklung stehen, vielleicht weil ihnen der momentane Erfolg Recht zu geben scheint und somit im Wege steht. Vielleicht ist die musikalische Aussage nicht interessant genug. Aber die öffentliche Meinung ist nicht sehr objektiv.

Sie sind der Musikalische Direktor des European Union Youth Orchestras. Was macht dieses Projekt aus? Hilft Musizieren jungen Menschen, Grenzen zu überwinden?

Das European Union Youth Orchestra wurde vor 23 Jahren von einer US-Amerikanerin gegründet, die mit einem Südafrikaner verheiratet ist. Das Europäische Parlament unterstützt es, aber wir brauchen auch private Sponsoren. Mit all den Kindern aus allen Ecken Europas, mit all ihren Kulturen ist es ein gute Einrichtung. Die Kinder sind enthusiastisch, es ist eine tolle Idee.[2]

Wie sehen Sie die Zukunft für die Entwicklung der Besucherzahlen bei Konzerten? Wird das Publikum schwinden, weil es immer älter wird und nicht genügend junge Leute ins Konzert gehen? Sind wir in einer Übergangsphase?

Das ist nicht leicht zu analysieren. Viele junge Zuhörer kommen nach den Konzerten zu mir in die Garderobe, aber das ist nicht maßgebend. Ich diskutiere oft mit meiner Frau, sie ist Musikerin. Sie ist Skandinavierin und sieht die Dinge sehr klar und analytisch. Ich schätze ihr Urteil sehr. Sie ist der Meinung, dass wir die Entwicklung und Strömungen nicht voraussehen und nicht wirklich quantifizieren. Vielleicht sind einige Menschen auch übersättigt oder gelangweilt von den gängigen Interpretationen. Außerdem gibt es mehr Konzertangebote, das Publikum verteilt sich.
In unserer Welt gibt es viel Ablenkung für junge Menschen, jeder ist überall erreichbar. Das hat negativen Einfluss auf die Aufmerksamkeitsspanne; meiner Erfahrung nach kann man viel erreichen, wenn die Anforderung an Konzentration und Durchhaltevermögen kurz angesetzt wird. Musik braucht aber Ausdauer, innere Ruhe. Es fehlt den jungen Menschen an »Sitzfleisch«. Popmusik ist viel leichter aufzunehmen, weil sie so simpel gemacht ist. Mit wenigen Tönen und Akkorden kommt man zehn Minuten lang aus. Ich denke, die uns umgebende Trivialität zerstört Innerlichkeit. Dementsprechend schwindet die Bereitschaft junger Menschen, weiter zu schauen, mehr verstehen und lernen zu wollen. Es wird suggeriert, das Leichte sei bereits genug.

Sie haben alle großen Wettbewerbe gewonnen. Sind Wettbewerbe heute Ansporn für junge Leute, eine gute Motivation zu größter Herausforderung? Gibt es eine Motivation zu künstlerischer Höchstleitung ohne Wettbewerbe?

Der Wettbewerb an sich hat einen sportlichen Aspekt. Sport und Musik sind aber nicht kompatibel. Es sei denn, es ginge darum, schnell und sauber zu spielen. Glücklich ist der Teilnehmer, der nicht primär am Wettbewerb teilnimmt, um zu gewinnen, sondern um etwas anzubieten. Denken Sie an Van Cliburn im ersten Tschaikowsky-Wettbewerb.
Er hatte überhaupt keine Probleme mit dem »Material«, von Technik würde man gar nicht erst sprechen. Er hatte wundervolle Hände, war ein wirklicher Künstler, es gab kein sportliches Element, nur die Kunst. Denken Sie an Oistrach, an Leon Fleischer, beide haben in Brüssel gewonnen.

Wer von uns weiß schon, wie viele große Begabungen es in einem Jahrhundert gibt. Das Problem vieler Wettbewerbe ist, dass sich oft keiner der Teilnehmer als überragender Künstler entpuppt und als potenzieller Gewinner in Frage kommt. Das ist eine verrückte Situation, denn in solchen Augenblicken konzentriert man sich dann auf den sportlichen Aspekt. Es gibt zu viele Wettbewerbe und nicht genug Begabungen.

Sie sind extrem erfolgreich und machen einen sehr ausgeglichenen Eindruck. Trotzdem die Frage: Sind Sie glücklich in Ihrer Berufung? Vermissen Sie etwas in Ihrem Leben? Haben Sie Hobbys?

Wollen Sie eine ernste Antwort? Nein, ich vermisse nichts. Ich bin wirklich vom Leben begünstigt. Dieses Schicksal würde ich nicht ändern wollen. Ich kann nur dankbar sein. Aber wenn ich einen Scherz machen darf: Als Junge wäre ich gern ein Fußballspieler geworden.

1 Vladimir Ashkenazys Biografie, als Interview aufgezeichnet von Parott Jasper, erschien unter dem Titel »Jenseits von Grenzen« 1987 im AtlantisVerlag, Zürich.

2 Zitat aus der Orchester-Broschüre 2001: »Dieses Orchester leistet einen großen Beitrag, um den Gedanken der Völkerverständigung und der europäischen Einheit zu stärken. Das Jugendorchester ist zugleich ein eindrucksvolles Beispiel für die Vielfalt der kulturellen Traditionen Europas, die hier gepflegt und weiterentwickelt werden.« Zahlreiche Staatsoberhäupter und viele prominente Persönlichkeiten unterstützen die Aktivitäten dieses Klangkörpers.

Das Gesicht des Künstlers ist der Spiegel seiner Seele. Versunkenheit, Glück, Schmerz, Emphase – die Sprache der Musik schreibt sich darin fort. Die Fotoserie zeigt den russischen Pianisten Igor Kamenz beim Musizieren am D 280 Konzertflügel von Bechstein; er spielt Robert Schumanns »Carnaval«

Fragen an **Christian Thielemann**

Wie entstand Ihre Beziehung zum Klavier? Was hat Sie gerade ans Klavier gelockt?

Meine Eltern spielten beide Klavier. Musik gehörte in unserer Familie einfach dazu.

Welche Vorbilder haben Sie begleitet?

Wilhelm Furtwängler, Wilhelm Kempff, Wladimir Horowitz, Friedrich der Große, Theodor Fontane.

Können Sie sich einen anderen Beruf für sich vorstellen? Ein Leben ohne Musik?

Ein Leben ohne Musik nicht, einen anderen Beruf schon. Zum Beispiel Direktor der Preußischen Schlösser und Gärten.

Was würden Sie in Ihrem Beruf verändern – wenn Sie könnten?

Ich achte darauf, nicht zu viele Auftritte zu haben. Ausgleich zur künstlerischen Arbeit ist mir wichtig: etwas völlig anderes zu tun, eine Gegenwelt zu leben – ein Ausgleich zur Welle der Musik, gegen die Intensität, die die Musik auf mich ausübt. Ich würde gerne das Reisen einschränken, das ständige Überall-zu-Hause-sein-Müssen.

Macht Musik glücklich?

Manchmal, nicht immer.

Hat Musik Sie verändert?

Ja, sie verändert; aber nicht grundsätzlich. Manchmal … Sie potenziert Gefühle, in jede Richtung.

Lesen Sie Kritiken?

Alle. Und mir entgeht wenig …

Was kann Musik nicht leisten? Liebe, Lust und Leidenschaft?

Sie kann mich nicht immer begleiten, weil die Intensität zu groß ist.

Ist es für den Menschen förderlich, Musik zu machen?

Ja, sehr. Der emotionale Reichtum, die Farbenvielfalt, das Gespür für das ganz Feine, das Musik vermittelt – wer das als Mensch, als junger Mensch einsaugt, ist, auf positivste Weise, gezeichnet fürs Leben.

Alfredo Perl

Von der Beschäftigung mit der Sache

Kunst – und Musik insbesondere – wird gern als höchste Manifestation des Guten im Menschen bzw. dessen, was man dafür hält, gepriesen, die über den frustrierend kleinlichen politischen Alltag, die gnadenlose Herrschaft unbarmherziger Finanz- und Gesellschaftsstrukturen, das scheinbar unausrottbar Schlechte in manchen (meistens den anderen) Menschen steht und uns zumindest für einen Moment über alles Unerwünschte hinweg zu einer besseren Welt hinaufführt.
Wie an den meisten Idealisierungen und Dämonisierungen ist auch hier einiges Wahres dran, und als ausübender Künstler kommt man nicht umhin, sich mit dieser Wahrnehmung auseinanderzusetzen, denn schließlich wäre – wenn es wahr sein sollte – für uns eine gewaltige Verantwortung damit verbunden. Nur: So viel besser als alle anderen Leute sind wir auch nicht gerüstet, und bei allem Sendungs- und Verantwortungsbewusstsein der Menschheit gegenüber müssen wir (einige von uns Interpreten zumindest) auch ab und zu zum Üben kommen.
Persönlich stehe ich solchen Idealisierungen eher skeptisch gegenüber. Zum einen, weil sie als Ausreden missbraucht werden können, nach dem Motto: »Wenn das Schöne und Gute in die Kunst verbannt werden kann, kann man es ja in den anderen Bereichen getrost weiterhin bei der Mittelmäßigkeit, der Gier und Korrumpierbarkeit etc. belassen« – als wenn diese nicht auch in der Kunst zu Hause wären. Zum anderen klafft in meiner Erfahrung die Wahrnehmung ein und desselben Kunstereignisses bei verschiedenen Empfängern so weit auseinander, dass Zweifel aufkommen hinsichtlich der »verbindenden Kraft der Kunst«. Wenn nach dem Fall der Mauer die Neunte Sinfonie von Beethoven erklingt und der Text des Schlusschors so geändert wird, dass »Freiheit« anstelle von »Freude« zu hören ist und alle begeistert und vereint sind, kommt irgendwann die Ernüchterung und die Einsicht, dass wohl jeder Zweite im Publikum unter Freiheit etwas anderes versteht. Dies wäre nicht weiter schlimm, wenn nicht so oft durch das Aufeinandertreffen von verschiedenen Freiheitsauffassungen Unfreiheit entstünde.
Ist es so abwegig, sich vorzustellen, dass auch die Vorbereitung von Terroranschlägen, die Indoktrinierung von Selbstmordattentätern, die Planung von Genoziden, die Folterung politischer Gefangener usw. usw. im Hintergrund mit Musik – welcher Art auch immer – begleitet werden könnten? Schließlich wurde bekanntlich so mancher Nazi von Wagner'scher Musik »inspiriert« (und wird es vermutlich noch immer).
Dennoch wohnt der Musik eine nicht zu leugnende Kraft inne, die auch verbindend wirken kann. Nur bin ich der Überzeugung, dass diese nicht aus der Musik als solcher zu holen ist, sondern nur aus der intensiven Erfahrung und Beschäftigung mit ihr. Und das ist für alle Teilnehmer am kreativen Prozess fast gleichermaßen möglich: für den ursprünglichen Schöpfer (bzw. Komponisten), den Nachschöpfer (Interpreten) und den Mit-Nachschöpfer (Zuhörer), wobei jeder seine verschieden gelagerten Fähigkeiten und Anstrengungen beisteuern muss.
Ich möchte mir nicht anmaßen, an dieser Stelle auszuführen, wie für einen Komponisten die Beschäftigung mit der Musik auszusehen hat. Aber da dies gar nicht meine Absicht ist, möchte ich doch wagen, einige Gedanken zu diesem Thema zu formulieren. Diese Berufsgruppe hat es in der heutigen Zeit besonders schwer, und damit meine ich nicht nur die Existenzsorgen, mit denen sich die meisten plagen müssen, sondern die Tatsache, dass es nicht leicht ist, einen eigenen kreativen Weg, eine eigene musikalische Sprache zu finden in einem Umfeld, das höchst unüberschaubar und »sophisticated« geworden ist. Gerade weil einerseits prinzipiell alles erlaubt ist, ist es so schwierig, sich zurechtzufinden – wegen des

Mangels an maßgeblichen Parametern und Regeln, an die man sich halten kann bzw. die man brechen könnte. Es gibt keine vorgegebenen Gerüste und auch keine für jeden verständliche Sprache mehr, in der man sich mit einer gewissen Selbstverständlichkeit ausdrücken könnte. Dies bedeutet, dass die Entwicklung einer Sprache und einer eigenen Ausdruckslogik zum grundlegenden Teil des schöpferischen Prozesses geworden ist und dass der Komponist auf die Bereitschaft des Hörers hoffen muss, sich auf diese Sprache einzulassen, damit eine Kommunikation überhaupt zustandekommen kann.
Trotz dieser Schwierigkeiten entstehen auch heutzutage immer wieder gute Kompositionen – selbst wenn dies manchmal bestritten wird. Ihnen ist ein bestimmter Erfolg gemeinsam, der sie mit den Meisterwerken aller Zeiten verbindet: Ich nenne es das jederzeitige »Treffen des richtigen Tones«. Sie erreichen einen hohen Grad an Richtigkeit, indem sie aus einer inneren Notwendigkeit hinsichtlich der Form, der Sprache und des Ausdrucks die daraus resultierenden Kategorien und Parameter selbst aufstellen. Und diese sind einem sensibilisierten Zuhörer zugänglich, nicht rational, sondern im Sinne der vorher angesprochenen »verbindenden Kraft«.
Doch wie stellt der Komponist das an? Darauf hätte mein Vater seine hochironische Standardantwort gegeben: *Con máquinas poderosísimas y métodos complicadísimos …* (»mit äußerst starken Maschinen und höchst komplizierten Methoden …«) Nun, da diese bis heute noch nicht entwickelt worden sind, muss die Antwort anderswo liegen. Und sie liegt – höchst trivial – in der Beschäftigung mit der Sache an sich, in der ständigen Suche nach dem richtigen Ausdruck, nach dem »richtigen Ton«. Auf der Grundlage der Begabung, die natürlich Voraussetzung ist, ist es eine Beschäftigung, die die ganze Existenz beansprucht: die Sensibilität, die Intelligenz, den Willen, die Erfahrung, das Mitgefühl, die Intuition und nicht zuletzt die Selbstkritik. Natürlich ist die Beschäftigung allein noch keine Garantie für den Erfolg, aber mehr ist da nicht, und man braucht auch nicht weiter zu suchen. Wenn von Schiller erzählt wird, er habe sich vom Geruch eines faulenden Apfels inspirieren lassen, dann ist nichts dagegen einzuwenden, nur schreiben musste er trotzdem selbst.
Wenn wir jetzt den Interpreten betrachten, verhält es sich nicht viel anders. Leichter als der Komponist haben wir es dadurch, dass wir durch den Notentext einen gewissen konkreten Anhaltspunkt haben, an dem wir zum schöpferischen Akt ansetzen können. Auf der anderen Seite müssen wir physische Fähigkeiten entwickeln, die nicht ganz ohne sind. Aber auch wir müssen uns der postmodern-existenziellen Frage stellen: Was machen? Und vor allem, wie? Die Antwort lautet häufig, obwohl es nicht immer so krass ausgedrückt wird: »Egal, Hauptsache, es ist noch nicht da gewesen …« Das reicht natürlich nicht aus, um eine künstlerische Existenz zu erfüllen, auch wenn diese Forderung für manchen Veranstalter und manchen Kritiker leider zur obersten Maxime geworden ist. Sie führt zu der absurden Frage, ob es heute noch Sinn hat, Beethoven-Sonaten zu spielen, schließlich gebe es auf diesem Gebiet ja nichts Neues mehr. Das ist, als würde man ernsthaft fragen, ob es noch Sinn hat, Sex zu haben, alle denkbaren Varianten des Liebesspiels seien ja wohl bereits erprobt worden.
Man muss das Thema also anders aufrollen. Als Dreh- und Angelpunkt wird sich an dieser Stelle der »Empfänger« von Kunst – im Falle der Musik, der Zuhörer – erweisen. Wenn man ihn (und er sich selbst) als reinen Konsumenten betrachtet, der nur zu entscheiden hat, ob ihm das Musikprodukt zusagt oder nicht, ist das Spiel schon verloren bzw. die gepriesene »verbindende Kraft« der Musik ist zu einer Farce geworden.

Kunst findet zwar aus vielen – zum Teil guten – Gründen in einem Rahmen statt, der mit dem des Warenaustausches vergleichbar ist, aber dies macht aus ihr noch keine Ware bzw. Dienstleistung. Kunst ist eine Art der Kommunikation und der gemeinsamen Erfahrung des Transzendenten, die jeder menschlichen Kultur zu eigen ist. Die Kunst unterliegt anderen Gesetzen als denen des Kommerzes, und jeder Versuch, sie diesen zu unterwerfen, ist trotz vordergründiger Erfolge letztlich zum Scheitern verurteilt.
Schon viel ist über das Phänomen des Musikhörens geschrieben worden, es ist ein Thema, das den Rahmen eines Artikels sprengen würde, doch geht es mir hier nur darum, bei dieser Aktivität, die ich als wesentlichen Bestandteil des künstlerisch-schöpferischen Prozesses betrachte (ohne die er zu einer Art geistiger Masturbation verkommen würde), eine Entsprechung zur »Beschäftigung mit der Sache« zu finden, die das Tun der anderen Teilnehmer ausmacht.
Für den Beruf des »Zuhörers« zu plädieren, wäre an dieser Stelle unrealistisch. Erstens muss jeder seinem eigenen Beruf nachgehen (wer soll uns Musiker sonst bezahlen?), und zweitens käme man in Versuchung, die Verantwortung wegzuschieben: »Das richtige Hören ist Sache der Profis, wir brauchen uns gar nicht erst anzustrengen.« Dabei ist es doch gar nicht so viel verlangt, sich beim Hören eines Musikstückes zu bemühen. Für jemanden mit wenig Übung ist es anfangs nicht ganz leicht, doch wie bei allem, was im Leben lohnend ist, wird es bald besser. In dem Moment, da man sozusagen aktiv wird, da man beginnt, dem musikalischen Geschehen innerlich zu folgen, wird erst der künstlerische Akt komplett, und das Tun der Künstler bekommt überhaupt einen Sinn. Und siehe da: Auf einmal macht sich die »verbindende Kraft« bemerkbar!
An dieser Stelle wird oft der Einspruch hörbar, dass die Anforderungen für die meisten Schichten der Bevölkerung zu hoch seien, dass die Beschäftigung mit Kunst überhaupt etwas »Elitäres« sei und nur für diejenigen möglich, die sonst keine Sorgen hätten. Angemerkt sei hier nur, dass ich im Laufe meiner Künstlertätigkeit vielen Menschen begegnet bin, die eine große Notwendigkeit spürten, sich intensiv mit Musik zu beschäftigen, und die auf mich gar nicht elitär wirkten, wohl aber den Eindruck machten, dass sie weiß Gott auch andere Sorgen hatten.
Zum Schluss möchte ich auf einen weiteren Teilhaber am Prozess zu sprechen kommen. Wenn man es nicht bei der reinen Vokalmusik belassen will, kommt hier der Instrumentenbauer ins Spiel, ein weitgehend unterschätztes Glied in dieser Kette.
Ich muss zugeben, mit den technischen Details des Klavierbaus bin ich nicht so vertraut, wie es ein Pianist eigentlich sein sollte. (Die Tatsache, dass dies auf manchen anderen Kollegen mindestens in gleichem Maße zutrifft, soll nicht der Verharmlosung meiner Unzulänglichkeit dienen.) Aber in jüngster Vergangenheit hatte ich öfter das Glück, in intensiveren Kontakt zum Klavierbau zu treten, aufgrund dessen sich bei mir ein tiefer Respekt und Bewunderung für diesen Berufszweig etabliert haben. Einen guten Klavierbauer sehe ich als eine Kombination von Dr. Frankenstein und Sigmund Freud. Er muss ein »Ding« erschaffen, das in vielen seiner Eigenschaften einem Lebewesen sehr nahe kommt – eine Seele hat es allemal und muss daher auch regelmäßig therapiert werden (im Fachjargon heißt das Regulieren und Intonieren), um mit einem Pianisten in eine möglichst unneurotische Beziehung zu treten. Hier wird deutlich, wie mit höchst »weltlichen« Mitteln die Suche nach einer Perfektion betrieben wird, die ihr Ziel in einem befriedigenden künstlerischen Ereignis hat. Von der Selektion des Holzes über die Entwicklung der Form und Beschaffenheit von Rahmen und Resonanzboden – von allen anderen zum Teil mechani-

schen Komponenten ganz zu schweigen – bis hin zur Stimmung und Intonation, ist jeder Schritt Teil eines Prozesses, an dem jeder Teilnehmer seinen Beitrag leistet und seine Verantwortung für das Endergebnis trägt. Man könnte einen Arbeiter in einer Klavierfabrik nach seiner Tätigkeit fragen und jede der folgenden Antworten wäre richtig: »Ich schleife an einem Stück Holz«, »ich verdiene den Unterhalt für mich und meine Familie« oder »ich arbeite an einem Klavierkonzert« …

Sicherlich liegt mir jetzt nichts daran, den Beruf des Klavierbauers zu idealisieren, ich will nur sagen, dass in der »Beschäftigung mit einer Sache« und ihrer realistischen und richtigen Eingliederung in die gesellschaftlichen Prozesse eine einzigartige Chance zur inneren Befreiung liegt, wenn nicht sogar die einzige, die aus eigener Kraft zu bewerkstelligen ist. Und wer weiß, vielleicht werden irgendwann auf diesem Wege die anfangs angedeuteten verschiedenen Auffassungen von Freiheit doch nicht mehr so weit auseinander liegen.

Dieser Klang! – **András Schiff**

Als weltbekannter Künstler sind Sie für die meisten Ihrer Zuhörer dennoch unerreichbar. Viele interessiert aber sicher, wie Ihr Leben verläuft …

Sicher, ich führe schon ein besonderes Leben. Menschen, die einer Arbeit im Büro nachgehen, tun das mit einer gewissen vorgegebenen Regelmäßigkeit. Ein Künstler muss seinen eigenen Rhythmus finden. Kunst ist nicht nur Begabung. Ein Instrumentalist muss sehr diszipliniert sein und viel Zeit an seinem Instrument verbringen. Das mag beim Komponieren anders sein – dazu fehlt mir leider das Talent –, aber auch ein Künstler wie Schubert hat nicht auf die Muse gewartet, sondern jeden Tag von sechs Uhr früh bis in die Nachmittagsstunden gearbeitet. Danach ging er mit seinen Freunden in den Heurigen, auch das ist ein Rhythmus. Als ich klein war, habe ich nicht viel geübt, doch das wurde anders, als ab dem zehnten Lebensjahr mein Berufswunsch feststand. Der Künstler hat eine Verantwortung, muss daher Prioritäten setzen und auf einiges verzichten. Es gibt kein Wochenende, keinen Feiertag. Ich muss mich organisieren; manche finden mich vielleicht zu pedantisch, aber ich glaube an eine Ordnung in der Musik, in meiner kreativen Tätigkeit und im Allgemeinen. Dennoch, eigentlich ist jeder Tag ein Feiertag. Für mich ist mein Beruf kein Job, sondern ein Glück. Ich empfinde ihn als Privileg, denn er bringt mir sehr viel Freude.

Wie wichtig ist für Sie ein Privatleben?

Zwar wollen manche das Künstlerische vom Menschlichen trennen, doch das halte ich für falsch. Für mich ist künstlerisches Schaffen wie ein offenes Buch des Lebens. Darüber kann ich nicht lügen. Ich kann zum Beispiel Wagner nicht lieben, weil er mich ekelt. Er war sicher ein großartiger Komponist, aber seine menschlichen Eigenschaften, das Egoistische höre ich aus jedem Takt heraus. Das Ichbetonte in der Kunst stört mich sehr. Umgekehrt höre ich aus jedem Schubert'schen Takt Liebenswürdigkeit, Bescheidenheit. Bach ist für mich der größte Komponist, denn er war meilenweit entfernt vom Egoismus, war tief religiös. Es ist so wie bei den Erbauern der großen Kathedralen, von denen man heute nicht weiß, wer sie waren. Sie arbeiteten an etwas Höherem und nicht daran, sich selbst ein Denkmal zu setzen. Das entspricht meinem Ideal in der Kunst. Daher habe ich auch ein ambivalentes Verhältnis zum Beruf des Dirigenten. Er braucht sehr viel Autorität, oftmals aber geht es weniger um das Werk als um sein Ego. Das spürt man.

Ein Musiker ist also kein Schauspieler, sondern kann nur das überzeugend spielen, was er wirklich empfindet?

Alle Musiker würden sagen, sie seien die treuesten Diener der Komposition. Allerdings sind die Ergebnisse unterschiedlich, denn eine Interpretation ist immer die Kombination vom Charakter des Werkes und der Persönlichkeit des Interpreten. Es kommt darauf an, dass die Chemie stimmt. Zum Beispiel liegt Liszt mir gar nicht. Niemand kann alles gut, man muss wählerisch sein und sehr selbstkritisch. Viele Musiker spielen heute einfach alles – das ist nicht gut.

Versteht Sie das Publikum, wenn Sie auf der Bühne spielen? Gibt es einen Austausch?

Wenn man auf das Podium kommt, spürt man schon etwas, Erwartung oder Ähnliches. Ich reagiere da extrem – vielleicht übertrieben sensibel. Ich nehme genau wahr, ob es eine positive Stimmung ist oder eher Antipathie. Wenn ich mich gut fühle, kann ich das beeinflussen. Bin ich aber erschöpft, stören mich die Huster im Publikum, obwohl ich weiß, dass es von 2000 Menschen vielleicht nur fünf sind. Es kam sogar vor, dass ich mein Spiel unterbrach und das Publikum bat, sich auszuhusten. Manchmal bin ich mir selbst böse, wenn ich mich derart beeinflussen lasse. Ich stelle jedoch auch fest, dass die Unruhe im Publikum viel schlimmer geworden ist, man ist heute rücksichtsloser. Es gibt kaum ein Konzert ohne mehrere Handyanrufe. Vorgestern habe ich den ersten Teil vom »Faust« gesehen. Das Publikum bestand zu 80 Prozent aus Jugendlichen. Unglaublich, wie sie dort randaliert haben, in der Stadt Goethes. Da wurde im Zuschauerraum lauter gesprochen als auf der

Bühne. Was ist da los? Früher sprach der Deutschlehrer bei der Vorbereitung auch darüber, wie man sich in einer Aufführung benimmt. Was wir machen, ist doch keine billige Unterhaltung, es ist die Vermittlung von Meisterwerken, die zum Nachdenken anregen sollten. Das ist im besten Sinne erzieherisch, im Schiller'schen Sinne, das heißt, die Kunst sollte die Menschen ein bisschen besser machen.
Aber nun das Positive: Es ist wunderbar für den Künstler, wenn eine geistige Verbindung mit dem Publikum zustande kommt. Anders als Glenn Gould, der Konzerte ablehnte, glaube ich an die Notwendigkeit von Konzerten. Trotz aller Störungen ist das Konzert das Wahre – die zauberhaften Momente, die mit einer Aufnahme nicht einzufangen sind. Ein Konzert wird darüber hinaus durch die Hörergemeinde ausgezeichnet.

Braucht das Publikum eine Vorbildung, muss es sich mit der Musik vor dem Konzert auseinandergesetzt haben?

Es ist ein Frage der Sensibilität. Ich kenne Menschen ohne Vorbildung, die ein Konzert von Bach besuchten und ergriffen zuhörten. Und es gibt solche mit fünf akademischen Graden, die so gut wie kein musikalisches Empfinden haben. Musik ist eben nicht nur für wenige. Was heißt denn elitär? Elite bedeutet für mich Qualität. Ich bin sehr gegen die Verflachung von Kultur, wie sie heute im Fernsehen stattfindet. Die Programmdirektoren, die Kulturpolitiker möchten alles auf dem kleinsten gemeinsamen Nenner präsentieren. Aber ich gehöre auch zum Publikum, ich vertrete keine absolute Minderheit, und mich hat noch niemand gefragt. Es geht doch auch um Ideale. Wenn es der Menschheit besser geht, was ja wünschenswert ist, scheint sich Ignoranz breit zu machen. Nach dem Zweiten Weltkrieg, als alles in Schutt und Asche lag, spielten Ideale eine ganz andere Rolle. Die Menschen arbeiteten wie wahnsinnig, mussten vieles entbehren, aber waren viel aufgeschlossener gegenüber der Kunst und der Schönheit. So auch im Kommunismus – ich bin in Ungarn aufgewachsen und habe in der DDR konzertiert. Es war eine schreckliche Welt, aber Kultur hatte eine große Bedeutung. Ich bin froh, dass hier in Weimar alles so wunderbar wiederhergestellt ist. Aber meine gestrige Theatererfahrung zeigt, dass man auch in der Freiheit vorsichtig sein muss. Am 11. September 2001, dem Unglückstag in Manhattan, sind durch den Schock Menschen aufgewacht und plötzlich empfindlicher und wacher für Schönheit geworden. Warum braucht die Menschheit dafür eine solche Katastrophe?

Dekadenz – wenn man an der Oberfläche gesättigt ist, warum dann das Tiefere suchen?

Als ich noch in Ungarn lebte, war ein Konzertbesuch etwas Besonderes. Im Westen konsumiert man alles, ohne ihm eine besondere Bedeutung beizumessen – man empfindet das Ereignis nicht in der Tiefe des Seins. Auch Kultur wird konsumiert. Zum Beispiel gehen die Leute bei großen Festivals mit höchstem Niveau wie in Edinburgh, wo ich oft spiele, täglich in mehrere Veranstaltungen und wissen nachmittags schon nicht mehr, was sie morgens gehört haben. Das ist kein Kulturgenuss mehr.

Wieviel persönliche Farbe darf ein Interpret in einen Vortrag hineingeben?

Am Anfang war das Wort – das Bach oder Beethoven schrieb. Das ist heilig, aber man muss es lesen können. Wenn drei Menschen dasselbe Bild betrachten, nehmen alle drei unterschiedliche Eindrücke auf. Dasselbe gilt für die Interpretationsmöglichkeiten, die sich innerhalb eines gewissen Rahmens unterscheiden dürfen.
Wenn ich ein Werk interpretiere, versuche ich es genau zu lesen – was nicht selbstverständlich ist, manche Interpreten lesen den Text eher schlampig. Hier war Rudolf Serkin mein großer Lehrer. Er hat mir beigebracht, Noten sehr ernst zu nehmen: die bestmögliche Ausgabe zu benutzen und nach Manuskripten und weiteren Quellen in Bibliotheken zu suchen. Bei Bach haben Sie nur die Kurzschrift mit wenig Instruktionen zur Wiedergabe.

Ich muss also die Bach'sche Sprache kennen, um diese Informationslücken zu füllen. Bach schrieb für einen kleinen »Kennerkreis«, für seine Söhne, die genau wussten, was er wollte. Bei Beethoven gibt es mehr Instruktionen, denen man folgen kann – jedoch nicht sklavisch, sondern schöpferisch und phantasievoll. Daher sind alle Interpretationen verschieden. Zum Glück spielen keine zwei Pianisten gleich. Auch die Tagesform bewirkt unterschiedliche, wenn auch minimale Nuancen. So wie sich bei Cézanne das Licht veränderte, wenn er das Château noir wieder und wieder malte.

Gibt es in der Interpretation eine Mode?

Ja, die gibt es wohl, aber wenn eine Interpretation echt und gut ist, wird das nie aus der Mode kommen. Ich empfinde noch heute eine Beethoven-Interpretation von Furtwängler oder Bachs Cellosuiten mit Pablo Casals als hochaktuell und überhaupt nicht antiquiert. Letztere übrigens halte ich für wichtiger als gewisse Aufnahmen, bei denen die Suiten auf dem Barockcello heruntergenudelt werden. Das sind eher oberflächliche Versuche.

Was halten Sie von Aufnahmen auf historischen Instrumenten? Kommt man damit der »Wahrheit« näher?

Am Anfang war das eine Mode, und ich habe mich gegen die dilettantischen Versuche auf diesem Gebiet gewehrt, die von der Fachpresse hochgejubelt wurden. An den Musikhochschulen haben inzwischen begabte Studenten diesen Bereich für sich entdeckt und bemerkt, dass damit mehr Geld zu verdienen ist als durch eine Anstellung im Orchester. Daher gibt es heute hoch qualifizierte Musiker, die auf diesen Instrumenten spielen. Aber es wird oft dogmatisch betrachtet. Dabei spielen Starviolinisten wie Anne-Sophie Mutter oder Gidon Krämer auf einer Stradivari von 1715, und die Musiker auf den historischen Instrumenten benutzen Geigen, die vorgestern produziert wurden.
Ich glaube, man muss offen sein und voneinander lernen. Ich habe selbst einige wenige Aufnahmen auf historischen Instrumenten gemacht. Ich besitze zu Hause ein Klavichord, ein delikates und sensibles Instrument. Ich kann es allerdings nur in engstem Kreise von zwei bis drei Zuhörern benutzen. Als Musiker weiß ich, wie ein Hammerflügel klingt. Und wenn ich meine, dass Musik wertvoll ist, dann muss ich sie auf einen modernen Flügel übertragen. Beethoven war ja völlig taub und hat durch sein »inneres Ohr« funktioniert – was er so hörte, war jenseits der Möglichkeiten aller Tasteninstrumente seiner Zeit. Er hat an seinem Broadwood so gedonnert, dass alle Saiten rissen. Deshalb behaupte ich, auf diese Instrumente zurückzugreifen, um dem Ideal Beethovens näher zu kommen, ist Blödsinn. Bei Mozart ist das anders, der war nicht taub und schrieb perfekt abgestimmt auf sein Instrument. Aber selbst in diesem Fall würde ich nicht sagen, dass man das auf einem Steinway, einem Bechstein oder Bösendorfer nicht spielen könnte. Man muss nur überlegen wie.

Sie besitzen auch einen Bechstein-Flügel …

Ich war immer ein großer Bewunderer von Bechstein, ich liebe die Aufnahmen von Artur Schnabel, der ja auf Bechstein spielte. Dieser Klang! Während seines Amerikaaufenthalts hat Schnabel wahnsinnig gelitten, weil es keinen Bechstein gab. »Es gibt keine Lärchen und Vöglein beim Steinway – die kann man da nicht produzieren.« Die Firma Steinway hat die Musikwelt heute praktisch monopolisiert, und ein Monopol ist etwas Ungesundes. Gehen wir in der Geschichte zurück. Zu Beethovens Zeit gab es in Wien über 100 Klavierfabrikanten. Selbst für Schnabels Generation war es selbstverständlich, dass er Bechstein spielte und Alfred Cortot eben Chopin auf Pleyel. Angeregt durch die Schnabel-Aufnahme, bin ich auf die Suche gegangen, besitze auch andere Flügel. Den Bechstein finde ich wunderbar. Er erinnert mich an Schnabel und besonders, wenn ich die Beethoven-Klaviersonaten spiele, kommen Klänge, die man auf einem anderen nicht realisieren kann.

Oben links: Handschliff einer Klaviertastenklappe
Oben rechts: Resonanzboden mit aufgeleimten Rippen
Unten: Der Damm, eine Komponente des Flügel-Klangkörpers

Restauration einer hundertjährigen Flügelrast

Vorbereitung der Klavier-Gusseisenplatte für das Bronzieren

Oben links: Flügelwände werden aus mehrfachen Holzdickten in Form gepresst
Oben rechts: Holzdickten in 3-4 mm Stärke für die Erstellung von Flügelwänden
Unten: Filzscheiben, Wachse und Zubehör für das Polieren

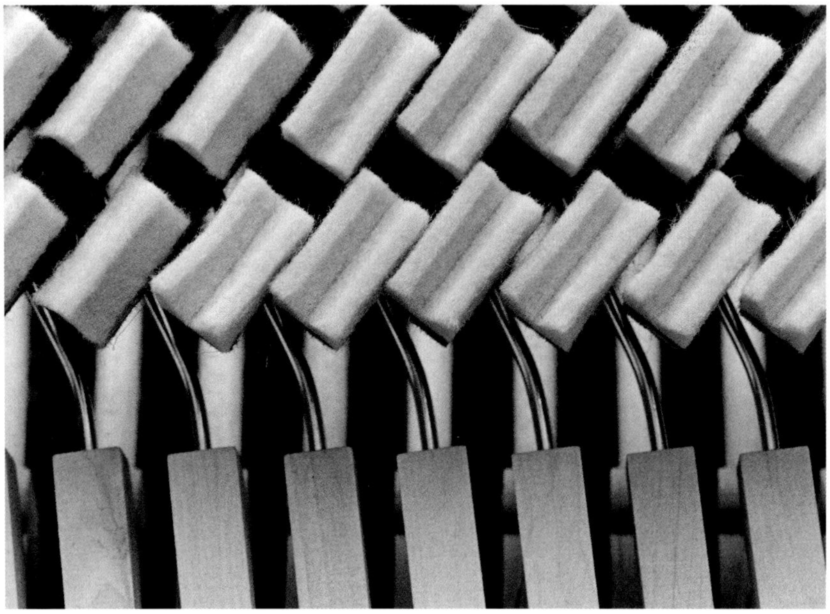

Oben: Intonationsvorgang am Hammerkopf eines Klaviers
Unten links: Dämpfung einer Klaviermechanik
Unten rechts: Justieren des Klavierspielwerks

Oben links: Optische Kontrolle der Klaviermechanik
Oben rechts: Erstellung von kupferumsponnenen Basssaiten
Unten: Bronzierter Flügel-Gussrahmen mit Klangsaiten

Fragen an **Lazar Berman**

Wie entstand Ihre Beziehung zum Klavier? Was hat Sie gerade ans Klavier gelockt?

Im Alter von zwei Jahren begann ich auf Initiative meiner Mutter Klavier spielen zu lernen. Ich musste spielen, es war keine Liebe zum Klavier, auch später nicht. Ich war immer unsicher mit der eigenen Einschätzung meines Spiels. Glück fühlte ich nur, während ich im Konzert spielte und eine Stunde danach.

Welche Vorbilder haben Sie begleitet?

Vorbilder waren mein Lehrer Goldenweiser, Neuhaus, Feinberg, Sofronitski, Richter, Gilels, Rachmaninow, Gould, Michelangeli (außer dessen letzter Periode), Horowitz (außer der frühen Periode).

Können Sie sich einen anderen Beruf für sich vorstellen? Ein Leben ohne Klavier?

Klavierspiel war mein Leben, ich hatte nichts anderes. Heute, nach 70 Jahren Klavier, kann ich nicht ohne Klavier leben – und liebe es zu unterrichten. Wäre mein Leben anders verlaufen, hätte ich vielleicht gut leben können ohne Klavier. Vielleicht wäre ich Historiker geworden.

Was würden Sie in Ihrem Beruf verändern – wenn Sie könnten?

Erstens: das Reisen abschaffen. Mein Traum: Ich bin zu Hause, schließe die Augen, öffne sie und sitze schon auf der Bühne, spiele; danach schließe ich wieder die Augen, öffne sie und bin wieder zu Hause. Das Schlimmste: die verschiedenen Hotels, die verschiedenen Betten, die verschiedenen Instrumente.
Zweitens: Ich bin kein Anhänger des Showbusiness, wie es heute auch in der klassischen Musikwelt herrscht, und des Beziehungsdschungels. Dass nicht mehr allein die künstlerische Qualität entscheidet, sondern für eine Karriere oft den Ausschlag gibt, wer die besten Beziehungen hat und sich am besten vermarkten lässt, ist schlimm.
Drittens: Ich bin ein Mann aus der alten Welt. Wenn ich spiele, spreche ich über Probleme der Seele, der Existenz – heute dagegen wird in Ausbildungsstätten und Wettbewerben eine nüchterne, »objektive« Art des Spiels bevorzugt. Richtige Noten vermitteln noch keine Wahrheit. Dabei bin ich sicher: Das Publikum will vom Künstler das große Gefühl, will in Bereiche von Wahrheit und Schönheit entführt werden, als Gegenwelt zum Alltag. Es will sich verzaubern lassen – aber wo sind die Zauberer?

Macht Musik glücklich?

Mich, wenn ich spiele wie ich will. Andere, ich weiß nicht. Jeder hat seine eigene Vorstellung von Glück.

Hat Musik Sie verändert?

Nein – meine Frau hat mich verändert.

Lesen Sie Kritiken?

In Russland gab es keine ernst zu nehmende Kritik. Deshalb, nachholend: Ja, ich lese Kritiken, aber ich finde, dass das Wichtigste oft fehlt, dass die Kritiker mehr über sich selbst sprechen als über den Musiker. Gute Kritiker sind wichtig.

Was kann Musik nicht leisten? Liebe, Lust und Leidenschaft?

Musik kann intelligente, ernste Menschen ein wenig ändern, aber nicht zu sehr. Musik kann keinen Menschen ersetzen, keine Freundschaft, keine Liebe. Aber nur Musik kann die Gefühle von Liebe, Lust, Freundschaft, Leidenschaft und viele andere, manchmal ganz intime Gefühle erwecken. Diese Gefühle hat jeder Mensch, aber sehr oft liegen sie so tief, dass der Mensch selbst sie nicht bemerken kann.

Sollte man Klavier spielen können?

Spielen muss nicht sein, wenn man kein Talent hat. Hören ist gut für alle Menschen.

Carsten Dürer

Kunst ist ein Teil unseres Lebens – **Mariss Jansons**

Sein Vater besaß ein Bechstein-Klavier, dessen weichen Ton der kleine Mariss, der schon mit drei Jahren Dirigent werden wollte, sehr schätzte. Heute zählt Mariss Jansons zu den namhaftesten und gefragtesten Dirigenten überhaupt. Sein Weg führte ihn von St. Petersburg nach Oslo, von dort nach London und Pittsburgh, um nur die Stationen der festen Dirigat-Positionen zu skizzieren. Wer aber ist dieser Jansons, der sich rar macht in Tagespresse und Rundfunk, der immer nur eines zu tun scheint: daran zu arbeiten, dass seine Ideen von Musik umgesetzt werden, weltweit und beständig neu?

Wir treffen Jansons im noblen Hotel Imperial in Wien, dem Ort, an dem sich die Prominenz aller Sparten die Klinke in die Hand gibt. Obwohl er eben erst aus Linz von einem umjubelten Konzert mit den Wiener Philharmonikern zurückkehrte und noch am Nachmittag zu Proben mit demselben Orchester unterwegs sein wird, wirkt Jansons nicht angespannt. Gleichwohl gibt er klare Vorgaben zu Beginn unseres Gesprächs: »Leider muss ich um 12 Uhr wieder weg, also haben wir nur ein wenig Zeit«, sagt er und scheint die damit verbleibende Stunde als zu knapp einzuschätzen, um seine Person, seine Ansichten und Gedanken in einem Gespräch zu verdeutlichen.

Geboren wurde Mariss Jansons 1943 in der lettischen Hauptstadt Riga, an die er sich als gutes Pflaster für eine musikalische Ausbildung erinnert: »Riga hatte immer eine gute Verbindung zu Deutschland, auch kulturell. Vor dem Zweiten Weltkrieg hat jeder dort Deutsch gesprochen, neben Lettisch und Russisch. Zudem waren dort immer wieder große Dirigenten wie Hermann Abendroth oder Erich Kleiber beschäftigt. Es gab auch eine wunderbare Violinschule.« Und auch in der Zeit nach dem Zweiten Weltkrieg betrachtete er die Stadt als eine kulturelle Hochburg, obwohl seine Familie bereits 1956 die Heimat verließ. Man merkt sofort: Jansons hat einen guten Überblick über das Weltgeschehen, nicht zuletzt aufgrund seiner Reisen, die ihn als Dirigent durch die ganze Welt führen.

Schon sein Vater Arvid Jansons zählte zu den berühmten Musikerpersönlichkeiten: »Zuerst war er Geiger und dann Dirigent am Rigaer Opernhaus. 1952 ist er nach Leningrad gegangen (dem heutigen St. Petersburg). Er hat als bekannter Dirigent viele Auslandsreisen absolviert und war 32 Jahre lang Chefdirigent der St. Petersburger Philharmoniker.«

Zu Jansons ersten musikalischen Erinnerungen gehören die täglichen Besuche im Rigaer Opernhaus: »Auch meine Mutter arbeitete dort als Sängerin. Meine Eltern nahmen mich immer mit. So habe ich bereits mit drei Jahren viele Vorstellungen und Proben gesehen. Bald wurde mein Vater auch mein erster Lehrer, er erteilte mir Geigenunterricht …

Ich habe Fotos zu Hause, auf denen ich im Alter von drei Jahren schon mit dem Taktstock Dirigent spiele. Mein Vater war natürlich immer mein Vorbild.« Später, in St. Petersburg, begann er an einer der legendären Spezialschule für Musik zu studieren: Geige, Klavier und Chordirigieren. Daneben hat Jansons weiterhin viel von seinem Vater gelernt. »Wissen Sie, wenn man Sohn eines Dirigenten ist und selbst Dirigent werden will, dann bleibt ein Lernen vom Vater nicht aus.« Der Vater als Vorbild im gleichen Beruf – das musste zwangsläufig zu Problemen führen: »In dieser Zeit war es so in der Sowjetunion: Wenn man Sohn oder Tochter eines Arbeiters war, dann wurde man hoch geschätzt. Aber wenn man der Sohn eines Intellektuellen war, oder eines Künstlers, dachten die Leute, man würde von seinen bekannten Eltern protegiert.« Der junge Mariss begann noch härter zu arbeiten, um seine Selbständigkeit zu beweisen. »Mein Vater hat mich nie direkt unterstützt. Und doch hatte ich mir erst mit dem Karajan-Preis endlich einen eigenen Namen erarbeitet.

Es war damals psychologisch eine schwierige Zeit für mich.«

Nach dem Examen am Konservatorium in St. Petersburg in den Fächern Violine, Klavier und Dirigieren (daneben studierte er auch noch Bratsche und Chordirigieren), das er mit Auszeichnung bestand, ging Jansons mit 26 Jahren nach Wien. Dort studierte er bei Hans Swarowsky, bevor er nach Salzburg zu Herbert von Karajan wechselte. »Karajan war 1968 nach St. Petersburg gekommen, wo er zwölf Dirigenten hörte, unter denen ich mich befand. Er wünschte, dass ich sein Schüler würde, aber die Behörden wollten mich zunächst nicht gehen lassen. Da Karajan jedoch meinen Namen genannt hatte, dachte man sich in den Ämtern, dass ich vielleicht doch Talent besäße. Man schickte mich dann als Austauschstudent nach Wien. Als ich dort bei Swarowsky studierte, rief ich Karajan an und wurde für zwei Jahre sein Assistent.« Jansons verbrachte den ganzen Tag mit dem Maestro, »von neun Uhr morgens bis elf Uhr abends«, erinnert er sich. »Ein fantastisches Studium, allein das Zusammensein mit ihm war eine großartige Schule.«

1971 gewann er dann den Internationalen Herbert-von-Karajan-Wettbewerb in Berlin, ein Markstein seiner Karriere. Danach hätte er für ein Jahr Karajans Assistent in Berlin werden sollen, aber wiederum erhielt er für den Auslandsaufenthalt keine Erlaubnis von der Regierung. »Karajan war so böse, dass er sogar einen Brief an unser Kultusministerium schrieb.« Doch Jansons musste nach St. Petersburg zurückkehren, wo er Mawrinskys Assistent bei den St. Petersburger Philharmonikern wurde.

Bis heute folgten viele internationale Stationen: Von 1979 bis 2000 war Jansons Musikdirektor der Osloer Philharmoniker, die er zu einem weltweit anerkannten Klangkörper machte. 1985 wurde er Chefdirigent der St. Petersburger Philharmoniker. Seit 1997 leitet er das Pittsburgh Symphony Orchestra als Chefdirigent und wurde während dieser Zeit zum Ersten Gastdirigenten des London Philharmonic Orchestra berufen. Über diese festen Engagements hinaus hat er fast jedes namhafte Orchester dieser Welt dirigiert, überall möchte man Jansons gern verpflichten. Auch bei den Berliner Philharmonikern war er als neuer Chef im Gespräch. Nun steht fest, dass er ab 2003 als Nachfolger von Lorin Maazel Chefdirigent des Symphonieorchesters des Bayerischen Rundfunks wird.

Erkennt er Unterschiede bei den Musikern, die in unterschiedlichen gesellschaftlichen und kulturellen Umfeldern arbeiten? »Ich würde sagen, es gibt unterschiedliche Aspekte: Einerseits haben sie die gleichen Gedanken, die gleichen Ansichten und Sorgen. Auf der anderen Seite sind sie tatsächlich vollkommen verschieden. Wenn Sie über das Publikum und die Musiker sprechen, hängt vieles von der Gesellschaft ab, von dem Temperament der Menschen und von der Tradition. In Russland ist alles von den Traditionen geprägt. In Amerika ist das anders. Dort hat man eigentlich keine eigenständige Tradition, sondern die Europas übernommen und daraus etwas Eigenes geschaffen. Dagegen sind die Amerikaner gut organisiert, und das spart in aller Regel viel Zeit. In Norwegen wiederum ist alles demokratisch organisiert. Wenn das Komitee nicht einverstanden ist, dann ist es sehr schwierig, etwas durchzusetzen. Aber ich denke, es gibt einen Schlüssel, der weltweit funktioniert, und das ist die Musik. Wenn die Musiker merken, dass ein Dirigent etwas zu sagen hat, etwas anbietet und Ideen hat, Interpretationsmodelle, dann folgen sie ihm überall auf der Welt, auch wenn sie unterschiedlich reagieren. Und dieses Reagieren ist die Folge der Traditionen und der Ausbildung. In Europa ist man auf die musikalische Interpretation konzentriert, in Amerika dagegen auf die Perfektion, die Technik. Das sind die Unterschiede.« Die russische Schule hat wohl ein wenig von beiden Systemen, das Streben nach Perfektion und das musikalische Moment, die beide die Klangkultur der russischen Orchester prägen.

Wie sieht er die unterschiedlichen Finanzierungsmodelle der Orchester und der musikalischen Kultur in Europa und den USA? »In Europa ist alles von der öffentlichen Hand finanziert, in Amerika privat. Was besser ist, weiß ich nicht genau. Theoretisch ist die staatliche Finanzierung besser, da es niemals zum Bankrott kommen kann. Aber selbst da gibt es Fälle, in denen ein Theaterorchester kein Geld mehr erhält. In Amerika dagegen könnte es passieren, dass ein Sponsor plötzlich keine Lust mehr hat, in die Kultur zu investieren. Doch die Amerikaner sind stolz auf ihre Unterstützung, und so funktioniert das System sehr gut.« Er war positiv überrascht von der amerikanischen Mentalität, davon, dass privatwirtschaftliche Firmen gerne Geld für Kultur geben. »Am besten wäre eine Kombination, denn es kann nicht sein, dass die Wirtschaft sagt: Der Staat finanziert alles. Leider muss man um Geld für die Kultur immer kämpfen. Gerade in Oslo war das schwer. So etwas macht mich sehr unglücklich. Die Verantwortlichen müssen doch verstehen, dass Musik und Kultur wichtig sind für die geistige und seelische Entwicklung der Menschen. Vor allem für die jungen Leute ist die Vermittlung von Bedeutung. Schön leben und viel Geld haben ist gut, aber wenn man dabei geistig verarmt, ist es schlecht. Das zu vermitteln ist mir wichtig, den Menschen geistige Nahrung durch die Musik zu geben.«

Hier nun ist Jansons in seinem Element. Er kämpft seit Jahren dafür, mehr und immer neues Publikum zu aktivieren. Wie wird das gemacht? »Das Erste ist, denke ich, gute Konzerte zu geben. Die Zuhörer sollen mit dem Gefühl nach Hause gehen, sie haben etwas geschenkt bekommen.« Als Chefdirigent versucht er allerdings mehr zu bewirken: »Ich gehe in die Schulen und Universitäten und rede mit den Schülern; ich spreche mit dem Publikum. Ich möchte den Dialog mit den Zuhörern. Sie sollen verstehen, dass sie keine Angst vor der Musik haben müssen. Gerade die jungen Leute scheuen sich, sei es, weil sie sich schick anziehen müssen oder weil sie glauben, klassische Musik sei zu kompliziert. Ich sage ihnen stattdessen: Ihr müsst diese Sprache nicht verstehen wie eine Fremdsprache. Ihr müsst diese Sprache fühlen, denn es gibt nichts zu verstehen. Und dann hoffe ich, dass in ihnen die Liebe für die Musik entbrennt und sie wiederkommen, um mehr zu hören.«

Mariss Jansons meint, dass es auch Aufgabe der Medien und der Politiker ist, diese Idee zu verbreiten: »Kunst ist kein Entertainment. Kunst ist ein Teil unseres Lebens. So sollte Kunst auch in den Schulen unterrichtet werden und obligatorisch sein.« Das sieht Jansons als seine kreative Aufgabe, als seine Mission.

Jansons gilt nicht nur als Workaholic, sondern auch als Perfektionist. Ist er jemals zufrieden zu stellen? »Ja, natürlich. Aber wenn ich etwas mache, dann analysiere ich es sehr genau. Was war gut, was war schlecht. Und dann überlege ich mir, was ich noch besser machen kann.« Für Jansons ist das nächste Konzert immer das wichtigste Konzert. Hat er dabei jemals das Gefühl, ein Werk vollkommen durchdrungen, es dem Komponisten gerecht wiedergegeben zu haben? »Ja, diese Momente gibt es. Doch dann, wenn ich das Werk wieder anfange zu dirigieren, merke ich: Das war doch noch nicht alles. Es ist immer neu, es ist ein Prozess, der niemals aufhört und unbegrenzt ist.« Das ist die Motivation seiner Arbeit – und die Verantwortung gegenüber den Orchestern, den Veranstaltern und dem Publikum. Sie lässt ihn nie ruhen: »Man erwartet von Jansons eine bestimmte Qualität. Es ist wie eine Treppe, die immer weiter nach oben führt.« Trotz intensiver Proben verändert Jansons oftmals im Konzert selbst noch etwas. Das irritiert die Orchestermusiker zum Teil, doch Jansons glaubt, »dass man für das Konzert immer ein Quäntchen Überraschung übrig behalten muss, ich meine die Spontaneität. In den Proben muss zwar alles vorbereitet sein, aber die letzte Stufe kommt im Konzert.« Dieses Moment macht die Besonderheit der Interpretationen von Jansons aus, das ist sein Erfolg und wird auch in den kommenden Jahren großartige Werke unter seiner Leitung entstehen lassen.

Man braucht keine Worte, man muss nur musizieren – **Herbert Blomstedt**

Wie ist Ihr Klavierspiel?

Na ja. Ich spiele Klavier, wenn ich Sänger begleite oder meine Kinder. Aber eigentlich bin ich Organist.

Doch am liebsten dirigieren Sie?

Ja. Sehr, sehr gerne.

Sie waren und sind rund um den Globus tätig. Sie haben praktisch alle großen Orchester der Welt dirigiert. Warum noch nie ein Orchester, das auf historischen Instrumenten spielt?

Ich habe einige Anfragen gehabt und sogar zugesagt, musste aber wieder absagen. Aber das würde ich liebend gerne machen. Man muss freilich vorsichtig sein.

Weil das lauter Spezialisten sind?

Ja. Und es ist heute nicht selbstverständlich, dass diejenigen, die eine traditionelle Ausbildung haben wie ich, auch für die historische Aufführungspraxis Interesse und Verständnis zeigen. Ich verstehe mich allerdings auch als Wissenschaftler. Also interessiert mich das alles sehr. Ich habe schon immer Bach sehr gern aufgeführt. Da kam es mir zugute, dass ich Musikwissenschaften an der Universität Uppsala studiert habe.

Was hat sich in Ihrer Bach-Sicht über die Jahre geändert?

Das Interesse an genauer Artikulation. Wer einmal einen alten Bogen in der Hand gehabt hat, der merkt, was er machen muss. Man kann es mit dem modernen Bogen nachahmen, recht gut sogar. Man muss nur sehr genau wissen, was man will. Das ist ein Lernprozess, auch für die Orchestermitglieder. Was mir persönlich fehlt, ist die Pädagogik dazu. Da muss ich neu anfangen. Zwar weiß ich schon, wie ich es hören will. Aber es ist eine andere Sache, den Kollegen zu sagen: »Um das zu erzielen, müssen Sie so oder so spielen.«

Reagieren Orchester unterschiedlich schnell auf Modifikationen am Klang? Ich könnte mir vorstellen, dass beispielsweise das Gewandhausorchester in Leipzig flexibler ist als die Staatskapelle Dresden.

Ja, ein bisschen haben Sie Recht. Ich habe hier in Leipzig, seit ich Chef bin, bewusst Dirigenten aus der Alten Musikszene eingeladen. Philippe Herreweghe beispielsweise ist begeistert vom Orchester – und das Orchester von ihm. Derlei hat man in Dresden nicht gemacht. Ich merke, dass unsere Arbeit hier Früchte trägt. Es dauert allerdings lange, weil das Gewandhausorchester sehr groß ist. Bach spielt man mit ungefähr zwanzig Leuten. Das Orchester hat aber 185 Musiker. Bis man alle durch hat, muss man viele Male das Gleiche machen, mit verschiedenen Gruppen. Aber das ist auch eine Generationsfrage. Die jungen Musiker haben einen leichteren Zugang zu modernen Artikulationsideen als ältere Kollegen.

Hören Sie Gastdirigenten in Leipzig?

Ja, wenn ich da bin. Das ist leider sehr selten.

Wenn ja, was passiert dann mit Ihnen? Ist es so, dass Sie manchmal denken: »Oh Gott, was macht er denn jetzt?« oder »ach, das ist aber spannend. Da bin ich noch gar nicht drauf gekommen?«

Beides kommt vor. Man ändert sich ja auch. Ich bin nicht fixiert, ich weiß, wenn ich ein Stück nächstes Jahr mache, dann mache ich es anders. Die Standpunkte sind immer nur vorläufig. Manchmal höre ich Frans Brüggen oder Philippe Herreweghe und denke: »Ach, das ist eine gute Idee! Vielleicht ist das die Lösung!« Man geht da von einem Eindruck zum anderen.

Sie sind Kind schwedischer Eltern, haben in Finnland gelebt, sind in Amerika groß geworden,waren dann in Stockholm, Dresden, Kopenhagen, San Francisco, Leipzig. Wo ist für Sie Heimat?

Ich habe so viele Heimatorte. Ich fühle mich überall zu Hause, wo ich das Glück habe, mit gleichgesinnten Menschen zusammenzutreffen. Wenn ich mit einem Orchester musiziere, dann bin ich dort, wo wir spielen, zu Hause. Uns verbindet eine gemeinsame Liebe zur Musik, wir verfolgen gemeinsame Ziele. Brahms ist in San Francisco der Gleiche wie in Leipzig.

Wirklich?

Ja. Wenn ich es mache, ist es der Gleiche. Es gibt zwar verschiedene Traditionen, das ist aber nur reizvoll. Doch der Brahms, den ich mitbringe, ist mein Brahms, auch wenn er sich immer wandelt. Und ich habe keine Schwierigkeiten, meine Musiker in meine Welt hereinzuholen. Ich bewundere die Musiker allerdings, die es gewohnt sind, heute so, morgen so, vorgestern so und in zwei Jahren völlig anders zu spielen.

Sie halten bei den Proben keine Vorträge vor Musikern, nicht wahr?

Nein, nie. Wenn man damit anfängt, dann ist die Musik schon gestorben. Man braucht keine Worte, man muss nur musizieren, dann merken die Musiker schon, was dran ist. Und wenn das nicht zu weit weg ist von ihrer zentralen Meinung, dann findet man sehr schnell geistigen Anschluss.

Hat Ihr Musizieren Prinzipien, die radikal den Forderungen des Komponisten unterworfen sind, vor allem bei Tempofragen? Was halten Sie beispielsweise von der Forderung, man solle bei Beethovens Sinfonien die originalen Metronomangaben befolgen?

Ich bin da überhaupt nicht dogmatisch. Die Metronomangaben waren sogar für Beethoven nicht verbindlich, das hat er selbst gesagt. Er hat sie auch immer wieder geändert. Beethoven war in dieser Hinsicht schon sehr, sehr romantisch. Ein Impulsmusiker ohnegleichen, aber natürlich mit einem klassischen Hintergrund. Nun, man kann zum Beispiel die zweite Sinfonie sehr haydnesk spielen, aber auch sehr »Eroica«-mäßig. Dann kommt jeweils etwas ganz anderes heraus. Trotzdem kann man Beethovens Metronomisierungen nicht negieren. Sie geben uns ja einen Blick in sein Denken und Fühlen, und das ist ungeheuer wichtig. Man darf sie allerdings nicht wörtlich umsetzen, wenn sie in der Aufführung nicht innerlich getragen werden. Das kann wegen des Saals sein, wegen der Akustik, wegen des Orchesters, wegen des Temperaments des Dirigenten.

Interessant finde ich, dass das Problem weniger die schnellen Sätze als die langsamen sind. Ich finde, dass der zweite Satz der »Eroica« immer zu langsam genommen wird. Es geht ja auch um klassische Proportionen, selbst bei den Tempi.

Mit der »Eroica« habe ich viel Erfahrung. Ich habe sie oft mit der Staatskapelle Dresden gespielt und auch aufgenommen. Heute passt mir überhaupt nicht mehr, was ich da gemacht habe. Es ist zu breit, zu wuchtig, zu wagneresk geraten. Beim ersten Satz, bei Scherzo oder Finale habe ich auch kein Problem mit Beethovens Tempobezeichnungen. Da sind sie spielbar, sogar gut spielbar. Im zweiten Satz hingegen habe ich mit dem Metronom enorme Probleme. Denn für mich ist ein großer Widerspruch zwischen »Adagio assai« und einem Tempo, das völlig oberflächlich ist. Ich glaube, es ist Achtel gleich 80 – wenn das so ist, wird es ganz mechanisch.

Der Dirigent Roger Norrington hat mir einmal gesagt, dieser Satz sei »sorrow without tears«, tränenlose Trauer.

Das wird es, wenn man ihn zu schnell spielt. Ich möchte aber auch die Tränen haben. Beethoven sicher auch, er war ein sehr emotionaler Musiker. Also, Achtel gleich 80, das kann ich einfach nicht. Das geht gegen jedes Gefühl. Aber schon 72, 74; da kann ich auch Gefühle bewegen. Es darf bloß nicht statisch sein. Früher war es bei mir zu statisch. Man muss eine Mitte finden, wo das alles funktioniert.

In einem Interview sagten Sie sinngemäß: »Crossover interessiert mich nicht, das sollen andere machen.« Vor einigen Jahren kam eine wunderbare CD mit Mozart-Klavierkonzerten heraus: das Saint Paul Chamber Orchestra mit Dirigent Bobby McFerrin und dem Jazzpianisten Chick Corea. Plötzlich landet eine Kadenz mitten im Jazz. Die CD war für Sony einer der größten Erfolge in den neunziger Jahren. Können Sie sich vorstellen, so etwas zu machen?

Also, da bin ich sehr tolerant. Wenn es mit Überzeugung gemacht wird, dann bin ich fast zu jedem Spaß bereit. Ich habe mit Gidon Kremer die Schnittke-Kadenz von Beethovens Violinkonzert gemacht. Das fand ich sehr interessant. Aber es muss sehr gut gemacht werden. Und deshalb zögere ich zum Beispiel bei dem Gedanken, ich solle Gershwin spielen. Weil ich fürchte, ich könnte es nicht überzeugend machen. Das ist eine Welt, die mir fremd ist.

Warum?

Gershwin hat viele, die ihn perfekt spielen. Warum soll ich mich da versuchen, wo meine Ausgangsposition schon schlecht aussieht. Ich kenne so wenig Jazz. Und wenn man begrenzte Begabung hat, und das hat ja jeder, dann muss man auswählen.

Wenn Sie mal 40, 50 Jahre weiterdenken, dann sind wir beide wahrscheinlich nicht mehr auf der Welt. Wird es unsere Orchester aber dann noch geben?

Ich glaube schon.

Aber gibt es dann noch jemanden, der in die Konzerte geht? Das Publikum heute ist schon so alt, dass ein Großteil in 20, 30 Jahren gestorben ist.

Das hat man schon oft gesagt. Wir haben aber heute in Leipzig mehr Publikum als je zuvor. Wir haben nie so viel Abonnenten in Leipzig gehabt wie jetzt. Das Durchschnittsalter liegt vielleicht bei 40, 50 Jahren, also eher ein älteres Publikum, aber es kommen dennoch viele junge Leute. In Amerika hört man auch viele pessimistische Töne. Es stimmt, dass es dort nach dem 11. September 2001 einen Publikumsrückgang von etwa 20 Prozent gegeben hat. Aber nicht überall. San Francisco hat immer volle Säle, auch jetzt.

Wie sind Ihre Erfahrungen mit jungem Publikum?

Wir machen wunderbare Konzerte extra für Kinder. Allerdings sind die meisten, die kommen, Rentner, wahrscheinlich, weil es billiger und nicht so spät am Abend ist. Die Rentner sind uns auch willkommen, sehr sogar. Familienkonzerte sind mir ungeheuer wichtig. Die Kinder werden in den meisten Familien, zu Hause und in den Geschäften durch furchtbar gedankenlose Musik verdorben und wachsen auf im Glauben, das sei die Musik schlechthin. Ich denke, wenn Kinder früh genug ordentliche Musik gewohnt sind, dann bekommen sie einen ganz anderen Bezug zu ihr. Wir Musiker haben da eine Mission. Und wenn wir nur jeden Zehnten erreichen, ist das auch gut.

Was halten Sie eigentlich von Pop-Musik?

Interessiert mich nicht. Das ist meine erste Antwort. Ein Musiker, der sich mit Bach beschäftigt – der Matthäus-Passion, der Johannes-Passion, den Kantaten –, den Streichquartetten von Beethoven und den Bruckner-Sinfonien, wie kann der sich für Musik interessieren, die nur einen winzigen Teil der Seele anspricht? Ich habe nicht die Zeit dazu.

Aber können Sie sich vorstellen, dass es Leute gibt, die bei einem Stück wie »Hey Jude« von den Beatles tiefer berührt werden als von der Matthäus-Passion?

Ich glaube, dass das möglich ist. Aber warum? Weil sie nie die Chance hatten, dieses Werk Bachs zu hören. Ich hatte einmal in Japan ein Konzert in einer Millionenstadt an der Nordküste, wo selten Orchester auftreten. Dort hatte man ein Konzerthaus gebaut, aber kein Sinfonieorchester in der Stadt. Wir kamen dahin, zu einem sozusagen jungfräulichen Publikum. Und es war begeistert. Wir haben Brahms und Beethoven gespielt. Später im Hotel kam ein junger Mann zu mir, ganz außer Atem. Er war die ganze Strecke vom Konzerthaus gelaufen. Und er sagte: »Maestro, ich hörte zum ersten Mal eine Sinfonie von Brahms, überhaupt ein Orchester. Ich habe Musik immer geliebt, aber ich kannte nur Pop- und Rock-Musik. Das war meine ganze Welt. Aber hier spricht etwas zu der ganzen Seele der Menschen.« Er war völlig umgewälzt.

Und was hat das mit den Beatles zu tun?

Wenn ich eine Stichprobe höre, kann ich sagen: Das waren ganz geschickte Musiker. Und vielleicht hatten sie auch eine Botschaft. Trotzdem kommt mir das alles recht primitiv vor. Große Komponisten sagen hundert Sachen, auch unter der Oberfläche. Und das macht ihre Musik so ungeheuer reich. Wenn bei Beethoven 2000 Menschen im Saal sind, hören sie ihn in 2000 verschiedenen Weisen; weil seine Musik so viele Facetten hat. Aber wenn 2000 Menschen Pop-Musik hören, dann hören alle das Gleiche.

Fragen an **Thomas Quasthoff**

Wie entstand Ihre Beziehung zur Musik? Was hat Sie zum Gesang gelockt?

Durch die elterliche Erziehung. Mein Vater hat auch Gesang studiert. Ich habe eigentlich schon immer gesungen, bereits mit drei Jahren. Die Begabung war schon vorhanden.

Welche Vorbilder haben Sie begleitet?

Arthur Rubinstein, Horowitz, Fischer-Dieskau, Hans Hotter, Johann Sebastian Bach.

Gibt es Liedkomponisten, denen Sie sich besonders nahe fühlen? Warum?

Johann Sebastian Bach und Franz Schubert. Schubert, weil sein Mikrokosmos mir persönlich sehr nahe steht.

Können Sie sich einen anderen Beruf für sich vorstellen?

Nein!

Was würden Sie in Ihrem Beruf verändern – wenn Sie könnten?

Das mache ich gerade. Mehr Zeit für mich und weniger für den Beruf.

Macht Musik glücklich?

Ja, nicht immer – aber: ja!

Kann Musik den Menschen verändern? Hat Musik Sie verändert?

Sehr! Musik hat mich sehr verändert. Ich habe in den letzten 25 Jahren mit den besten Orchestern und Dirigenten gearbeitet, das verändert den geistigen Horizont.

Lesen Sie Kritiken?

Klar, ich lese Kritiken. Ich gehöre nicht zu denjenigen, die das Gegenteil behaupten. Allerdings habe ich nur aus einer Kritik jemals gelernt. Die war von Joachim Kaiser und fiel auch nicht besonders positiv aus.

Was kann Musik nicht leisten?

Frieden in der Welt stiften. Was sehr bedauerlich ist. Religiöse Gegensätze beseitigen. Intoleranz beseitigen. Richtig verstanden, könnte Musik das leisten.

Sollten alle Menschen ein Instrument spielen? Macht Musik den Menschen »besser«?

Ja, ein deutliches Ja!

Sie sind parallel zu Ihrer Konzerttätigkeit Professor für Gesang. Was wollen Sie Ihren Schülern mitgeben?

Liebe zur Musik. Respekt vor den Komponisten. Detailtreue. Disziplin. Ich will meinen Schülern klarmachen, dass sie den schönsten Beruf der Welt haben. Natürlich will ich ihnen auch die notwendige Technik mitgeben.

Was erwarten Sie von Ihrem Begleitinstrument, dem Flügel, der »Verkörperung der Stimme«?

Farben. Weichheit. Präzision im Klang. Positive, nicht klirrende Schärfe. Ich erwarte von jedem Ton einen klanglichen Körper.

BECHSTEIN

Bechstein-Konzertflügel D 280 – im neuen Millenium vorgestellt, begeistert er Pianisten der internationalen Musikwelt

Klangvolumen – in sinnlicher Form. Immer wieder faszinierend: der Konzertflügel aus ungewöhnlichen Perspektiven

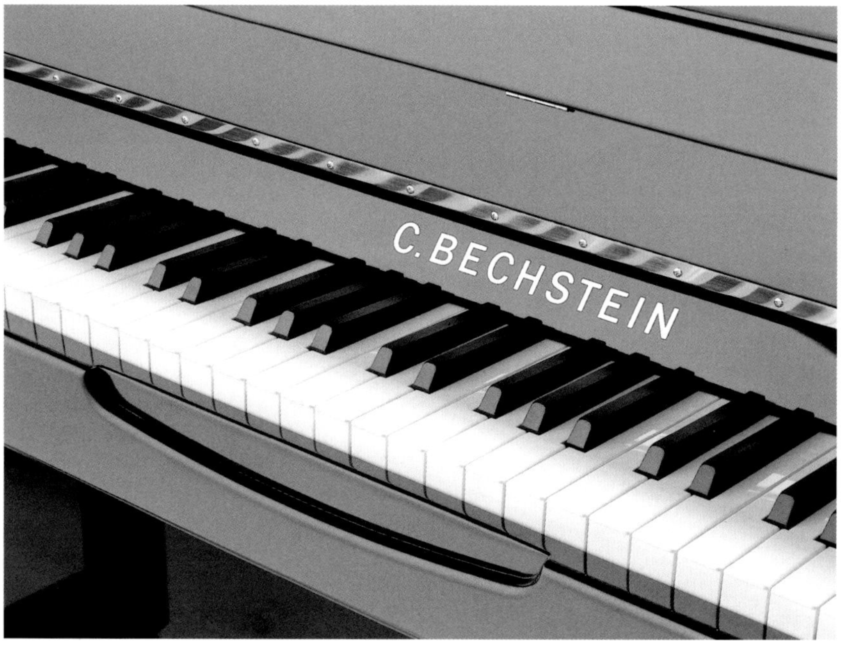
C.BECHSTEIN

Internationale Auszeichnung für ProBechstein-Ästethik von »rommel und schoen design«: »good design«-Preis 2002 aus Chicago für die innovative Baukunst – passend zu modernen Lebenswelten. Traditionsreiche Klavierbaukunst in industrial design. Symmetrische Linienführung, Rundungen und durchgespannte Formen geben einem »gewichtigen« Instrument die Leichtigkeit des Seins …

Auf der Spur des Publikums von morgen – **Joachim Sartorius**

Herr Dr. Sartorius, Sie sind »ein spiritueller Nomade und lieben das Doppelleben«, ein Literat und Schöngeist, der nunmehr das Mammutprogramm der Berliner Festspiele im neuen Jahrtausend prägen wird. Machen Sie 100 Tage Spiele und Kultur »vom Feinsten«?

Die Berliner Festspiele sind eine Girlande von fünf Festivals, das größte davon die Berlinale, die Filmfestspiele. Im März findet das Festival für Zeitgenössische Musik statt, dann das Theatertreffen, die eigentlichen Festwochen im Herbst und dazu noch das Jazzfest. Alle Festivals haben ein eigenes künstlerisches Profil, aber wenn man versucht, sie auf einen Nenner zu bringen, dann soll jeweils das Beste, das Aufregendste und Exzeptionellste in die Hauptstadt kommen. Zum anderen legen wir großen Wert auf Projekte, die in die Zukunft weisen und so gesehen vielleicht nicht für ein großes, sondern eher für ein kleineres Publikum gedacht sind. Neue Formen, neue Sprachen im Bereich Musiktheater und auch Film, denn neben dem großen Wettbewerb besteht auch ein Forum für schwierigere Filme, es gibt also sowohl den Laboratoriumscharakter als auch das Bestreben, in der Hauptstadt noch nicht Gesehenes und Gehörtes zur Aufführung zu bringen.

Provokativ gefragt: Liegt der Schwerpunkt also auf Hochkultur – und nicht auf Spaß?

Im Bereich der Musik fragen wir uns, ob wir auch Musicals machen sollen – oder nur Musik von Rihm, Messiaen und Lachenmann. Ich schließe Spaß und Vergnügen nicht aus. Doch man kann nicht die ganze Spannbreite bringen, sondern muss schließlich von dem künstlerischen Profil ausgehen, das man anstrebt. Wir haben gerade eine Anfrage aus New York, ob man zwei Monate unsere Bühne für ein Musical namens Sissy haben könne. Das habe ich sofort abgelehnt, so etwas passt nicht zum Profil, auch wenn es uns große Einnahmen gebracht hätte.

Ihr Zielpublikum ist das, was man früher mit Bildungsbürgertum bezeichnet hätte?

Es ist meine erste Saison, und gemeinsam mit den Projektleitern haben wir die Fragestellung nach dem Zielpublikum ausführlich diskutiert. Das bisherige Zielpublikum war in der Tat das Bildungsbürgertum, die reicheren Schichten und die »Zugereisten«. Aber in der Konzeption 2002 hatten wir viele Programmpunkte, besonders in der aktuellen Musik, die nicht mehr das alte Publikum ansprechen. Wir wünschen uns, auch jüngere Leute zu erreichen. Es gibt weit über 100 000 Studenten in Berlin, und wir versuchen auch mit der Musikhochschule zu kooperieren, die hier in unmittelbarer Nachbarschaft liegt. Eine der spannendsten Fragen wird sein, ob es uns gelingt, das bisherige Publikum zu erhalten, das nach wie vor sehr wichtig ist, und gleichzeitig neue Publikumssegmente zu finden.

Wie gliedert sich das facettenreiche und spezielle Programm der Berliner Festspiele in das so genannte normale Kulturprogramm der Stadt ein?

Berlin ist arm, hat aber ein sehr reiches Kulturangebot. Wir sind ein Akteur von vielen, dadurch herausgehoben, dass wir relativ groß sind – wenn man das ganze Bouquet von Festivals betrachtet. Aber im Gegensatz zu den meisten Bühnen mit Repertoiretheater haben wir kein eigenes Ensemble und kein eigenes Orchester, sondern arbeiten in erster Linie auf der Ebene des internationalen Austauschs. Wir versuchen, die spannendsten Orchester, die verrücktesten Theatergruppen, die aufregendsten Tanzkompanien nach Berlin zu holen.

Sie machen das Programm seit einem Jahr. Wie gefällt Ihnen das neue Berlin – Aufbruch, Blutaustausch, neue Arbeitsplätze – so viele Dinge sind in Berlin passiert …

Von 1986 bis 1996 habe ich in Berlin gearbeitet und den Mauerfall und den einsetzenden Entwicklungsprozess mit eigenen Augen verfolgen dürfen. Nach vier Jahren in München bin ich nun zurückgekehrt. Berlin verändert sich weiterhin, es ist für mich eine offene, nach wie vor zerrissene, unbequeme und daher aufregende Stadt – nicht nur weil es eine subventionierte Kultur von einigem Rang gibt, sondern auch wegen der großen Off-Szene, der vielen Clubs, die sich mit neuen Musikformen beschäftigen. Es gibt hier einen Humus, einen Untergrund, aus dem jederzeit etwas Neues entstehen kann, und das hat keine andere deutsche Stadt – schon gar nicht München.

Wie haben sich die Festspiele im Lauf der Zeit gewandelt?

Die Festspiele gibt es seit 50 Jahren. Sie sind im ausgebluteten West-Berlin gegründet worden, haben viele Wandlungen durchlaufen und befinden sich nun in einem reiferen Stadium. Der erste Leiter war ein Bruder des Schriftstellers Vladimir Nabokov, der hier besonders im Musikbereich versucht hat, große amerikanische Dirigenten, große amerikanische Orchester in das eingemauerte West-Berlin zu bringen. Der langjährige Leiter Herr Eckhardt hat in den achtziger Jahren große Verdienste erworben, indem er eine Brücke nach Osteuropa und in die Sowjetunion geschlagen hat. Er hat mit dem von ihm gegründeten Festival »Horizonte« mit großem Erfolg außereuropäische Kulturen in West-Berlin präsentiert, so entstand das jetzige Haus der Kulturen der Welt, eine hervorragende Einrichtung. Insofern gibt es viele Verselbständigungen und Verzweigungen aus den Berliner Festspielen heraus. Wir sind heute in einer neuen Situation, weil Berlin plötzlich ungewollt Hauptstadt eines größeren Deutschlands in einem europäischen Kontext geworden ist. Da stellt sich auch für diese Festspiele, die vom Bund hunderprozentig übernommen wurden, die Frage: Wo stehen wir, was machen wir kulturpolitisch? Im Vordergrund steht der Dialog mit den osteuropäischen Ländern, mit den baltischen Ländern und Skandinavien, besonders auch im Musikbereich.

Können Sie sich vorstellen, dass irgendwann einmal ein solch umfangreiches Festival privat finanzierbar wäre oder in der Form einer »Public Private Partnership?«

Man kann immer wieder versuchen, für einzelne Festivalschwerpunkte Sponsoren zu finden, z. B. für das zeitgenössische Musiktheater, für Uraufführungen. Aber das Ganze in private Hände zu legen halte ich für außerordentlich schwierig. Ich war ja beim Goethe-Institut, wo wir viele Erfahrung im Bereich Sponsoring sammeln konnten. Es ist schwierig geworden, Sponsoren zu finden, die sich kontinuierlich und für lange Zeit verpflichten lassen. Das einzig Denkbare wäre, eine »Stiftung Festspiele« zu gründen und zehn große Unternehmen zu finden, die in die Stiftung einzahlen und sich sehr engagieren. Dennoch würde man aus den Zinserträgen wahrscheinlich nicht das ermöglichen können, was uns im Moment der Bund auf die Beine zu stellen erlaubt.

Sie sind ein Mensch, der sich nicht gern in den Vordergrund drängt. Wie schaffen Sie es, so ein großes Projekt zu managen und alles im Auge zu behalten? Was für ein Mensch muss man sein?

Vielleicht trügt der Schein. Ich trete sicher nicht polternd auf, ich bin kein Napoleon. Es hat mit Erfahrung zu tun, mit meinem bisherigen Berufsweg. Ich war immer in Positionen, die sich mit Kulturaustausch und mit internationalem Dialog beschäftigt haben. Dazu kommt eine gewisse Leidenschaft, die man mitbringen muss. Auch wenn meine Liebe der Literatur gilt, ist doch bildende Kunst und Musik für mich ebenso wichtig. Natürlich habe ich Experten, die für jede Sparte ungeheures Wissen mitbringen, die viele Menschen auf der ganzen Welt kennen. Ich gebe die Grundideen – aber das Ganze beruht auf Teamarbeit.

Glauben Sie an Kunst als Mittel zur Verbesserung des Menschen?

Als Student habe ich sehr für Brechts episches Theater geschwärmt. Damals dachte ich wirklich, die Kunst könne etwas im Menschen bewegen. Mittlerweile bin ich skeptischer. Aber eine Welt ohne Kunst wäre trostlos, grau und fürchterlich. Kunst erlaubt uns zweierlei: eine Ahnung, einen Begriff von Schönheit zu empfinden – vielleicht im Zusammenhang mit gewissen utopischen Vorstellungen. Und zweitens haben die schwierigen Kunstformen etwas Subversives, etwas, das das Alltägliche überschreitet, und dieses Etwas hoffen wir hier auch zu zeigen. Ich denke, dass es für die Menschen, die ein Konzert, ein Theaterstück besuchen, wichtig ist, wachgerüttelt zu werden.

Freizeit wird meist mit Konsum verbunden. Sind die Berliner Festspiele ein Freizeitangebot, oder ist es eine »Pflichtveranstaltung«?

Es ist schwer, da eine scharfe Trennungslinie zu ziehen. Wir veranstalten zusammen mit Bertelsmann die Berliner Lektionen. Das Theater ist jeden Sonntag um 11 Uhr voll. Man fragt sich, warum die Menschen nicht lieber noch im Bett liegen oder in den Glienicker Park gehen oder in die Kirche – es hat wenig mit Freizeit zu tun, und es kostet ja noch dazu. Dahinter steht wohl der Wunsch, etwas zu erfahren, das man sonst in dieser Weise nicht erleben kann.

Wie stellen Sie sich die zukünftige Gesellschaft vor: eine Schere zwischen den Arbeitslosen, die viel zu viel Zeit haben, und den überbeschäftigen Spezialisten in guten Jobs?

Nehmen wir beispielsweise den Bereich der zeitgenössischen Musik, die ja sehr problematisch ist. Zu den Veranstaltungen gehen fast nur noch die hin, die selbst komponieren oder zumindest zu den Überzeugten gehören. Ganz wichtig ist es, durch die Programme etwas zu erzeugen, das neue Publikumsschichten jenseits des Spezialistentums anzieht. Aber wie macht man das? Mich faszinierte ein Bericht über Stockhausen. Anscheinend übt seine frühe elektronische Musik eine unglaubliche Faszination auf junge DJs aus. Er hat einen Workshop in Amsterdam veranstaltet, zu dem über 1500 DJs von den verschiedenen Techno-Clubs kamen, um anhand der frühen elektronischen Musik von Stockhausen neue Musikformen zu entwickeln. Es gab einen Ansturm von Jugendlichen, die sicher nie einen Ligeti oder Kurtag gehört haben. So etwas muss man versuchen hinzubekommen.

Wir haben 2003 unser 150. Jubiläum und auch kleine Konzertreihen, die sehr erfolgreich sind. Könnten Sie sich vorstellen, etwas Gemeinsames zu machen, Interessen zu verknüpfen?

Auf jeden Fall. Ein Beispiel als Pars pro Toto war die wunderbare Zusammenarbeit beim Jazzfest, die wir gern fortsetzen würden; und was den Bereich der Festwochen im Herbst anbelangt, so weiß ich, dass unsere beiden künstlerischen Leiter an Klaviersoloreihen interessiert sind. Ich habe lange Zeit das Künstlerprogramm des DAAD geleitet. Einmal war Cecil Taylor ein halbes Jahr zu Gast in Berlin. Er gab verschiedene schöne Klavierabende im alten Bechsteinhaus am Moritzplatz, die ich in guter Erinnerung habe. Ähnliche Kooperationen würde ich mir gern für die Zukunft vorstellen.

Musik ist ein Lebensmittel – **Franz Xaver Ohnesorg**

Sie haben ein wunderbares Lebensmotto: »Ich bin zuvorderst ein glücklicher Mensch.« Das muss mit Ihrer Leidenschaft für die Musik zusammenhängen. Mit 19 Jahren haben Sie den ersten Preis beim Bayerischen Landeswettbewerb für Musik im Fach Querflöte gewonnen, dann folgten Studien der Betriebswirtschaft, Theaterwissenschaft und Musikwissenschaft, mit 30 Jahren waren Sie bereits Orchesterdirektor der Münchner Philharmoniker, dann Intendant in Köln, Chef der Carnegie Hall. 2001 hatten Sie sich für Berlin entschieden – weil Sie hier eine Stadt in die musikalische Zukunft begleiten wollen. Eine weise Lebensplanung …

Ich weiß nicht, ob es Weisheit ist. Ich hatte gute Vorbilder, meine Eltern haben mir viel Freiheit gewährt. Mein Lehrer Albert Müller, Flötist bei den Münchner Philharmonikern, war klug genug, seine »Top-Position« im Orchester zu verlassen, um als zweiter Flötist mehr Zeit für Kammermusik und seine vielseitigen Interessen zu haben. Er war auch ein hervorragender Pianist, der mich selbst am Klavier begleitete und auf diese Weise gleichzeitig Kammermusik unterrichtete. Und er nahm mich in sehr viele Galerien mit, wir machten gemeinsame Reisen, er hat mich in die Kirchenarchitektur eingeführt. Schließlich studierte ich sogar Kunstgeschichte, weil er mich dafür sensibilisiert und mir die Augen für viele Dinge geöffnet hat. Das war der Ausgangspunkt. Mir wurde allerdings rasch bewusst, dass ich kein Aurèle Nicolet werden würde – dazu fehlte mir das Talent, und ich hatte zu spät begonnen. Also wollte ich etwas tun, das mit Musik zusammenhängt, und dabei gleichzeitig meine kaufmännische Seite einbringen, die ich von meiner Mutter habe. Deshalb das Betriebswirtschaftsstudium – um mir ein gutes Allgemeinwissen anzueignen. Es hat mir gewisse methodische Ansätze vermittelt, damit ich mir nichts vormachen lassen muss, eine wichtige Motivation.

Eigentlich wollte ich dann in die Tonträgerindustrie, aber ich merkte, dass dort mit großindustriellen Methoden Musik verwaltet wird, und das war überhaupt nicht mein Ziel. Dann bin ich zum Journalismus gekommen, habe beim Bayerischen Rundfunk als freier Mitarbeiter mein Geld für das Studium verdient und viele Künstler aus der Nähe kennen gelernt, denn nebenbei arbeitete ich als Tourneeleiter in einer Konzertdirektion. Ich habe Karl Richter auf Konzertreisen begleitet und Gidon Kremer kennen gelernt, mit dem mich seitdem eine sehr schöne Freundschaft verbindet. Wir sind ungefähr gleich alt und waren damals in einer sehr ähnlichen persönlichen Lebenssituation. Auf dieser Tournee wurde er von Journalisten immer das Gleiche gefragt, aber niemals auf die Themen angesprochen, die ihm eigentlich wichtig waren. Genau das tat ich dann, habe das Interview aufgezeichnet, und daraus wurden meine ersten Sendungen – mein Debüt als Journalist. Über diese Tätigkeit kam ich mit dem Münchner Kulturreferenten zusammen, der überhaupt keine Ahnung hatte von diesem Metier, aber die Nachfolge von Rudolf Kempe regeln sollte. Ich machte ihm ein paar Vorschläge, die ihn so beeindruckt haben, dass er mir 14 Tage später die damals neue Position des Orchesterdirektors bei den Münchner Philharmonikern anbot. Es war insofern ein historischer Moment, als die Münchner Philharmoniker seit über zwei Jahren keinen Chefdirigenten hatten. Als ich Ende 1978 mit 30 Jahren Orchesterdirektor wurde, konnte ich innerhalb eines halben Jahres Sergiu Celibidache gewinnen. Das war der Einstieg.

Sie sind auch Unternehmer, sind Organisator und haben den Blick dafür, wo strukturell etwas verbessert werden muss.

Ich glaube, dass man Musik dann am besten zur Entfaltung bringt, wenn man sie nicht verwaltet, sondern unternehmerisch, d. h. kreativ an die Vermittlung von Musik herangeht. Das bedeutet nicht, damit Geld zu verdienen wie ein kommerzieller Veranstalter. Wesensmäßig kostet ein Sinfonieorchester oder ein Konzertsaal mehr, als man dafür erlösen kann. Insofern sind dies geborene »non-profit«-Organisationen. Daraus wiederum ergibt sich eine besondere Ästhetik aus der Kombination von Anteilnahme möglichst vieler Menschen und ehrlicher Musikvermittlung – indem Sie Menschen an die Musik heranführen und ihnen auch bewusst werden lassen, wie wichtig Musik für sie ist. Musik ist kein Luxusgut, sondern ein Lebensmittel. Dazu gehört auch die Erfahrung: Wer sich von Musik berühren lässt, kommt leichter und besser durchs Leben, wird lebenstüchtiger, als wenn er oder sie diese Erfahrung nicht macht. Nur zu Recht hat Isaac Stern immer gesagt: »Music makes you intelligent.« Und das ist, zumal wenn es sich bei jungen Menschen ereignet, eine absolute Prägung. Mich hat es damals voll erwischt, und deshalb bin ich selbst davon beseelt, möglichst vielen Menschen eine ähnliche Erfahrung zuteil werden zu lassen.

Machbarkeit von Kultur wird zunehmend von der Finanzierbarkeit durch Sponsoren abhängen – auch Privatleute, die das Geld gern geben. Also brauchen wir mehr Bewusstheit, dass man diesen Anteil zur Schaffung einer lebenswerten Gemeinschaft erbringen will. Wie wollen Sie das machen?

Das ist eine der gegenwärtigen Kernfragen: Wie schafft man das in einer Gesellschaft, in der die Tradition des menschenfreundlichen Sponsorings nicht schon selbstverständlich ist? Ich glaube, es geht nur, indem man einen Kommunikationsprozess zwischen der Musikinstitution und dem Publikum in Gang bringt und dabei allen Beteiligten klar wird, dass Kultur überhaupt nur möglich ist, weil es Ermöglicher gibt. Diesem Ermöglicher – also dem Sponsor – muss deutlich werden, was er der Gemeinschaft schuldet. Wir denken immer, wenn wir Steuern bezahlen, hätten wir alles für das Gemeinwohl getan. Wir brauchen aber eine »Public Private Partnership«, wie dies in Amerika und den angelsächsischen Ländern heißt, nämlich ein Zusammenwirken von privater und öffentlicher Initiative. Man kann nicht von Sponsoren erwarten – und das habe ich auch den Berliner Politikern klargemacht, und sie haben es sehr sensibel aufgenommen –, dass Sponsoren die Grundfinanzierung einer Musikinstitution übernehmen. Das ist im deutschen Steuer- und Finanzsystem naturgemäß eine öffentlichen Aufgabe. Aber es ist längst nicht mehr zu schaffen, alle Initiativen, die eine solche Institution erbringen soll, mit öffentlichen Mitteln zu finanzieren. Und deshalb kommt es auf die Kombination von öffentlichen und privaten Mitteln an. Niemand gibt Geld für Gemeinkosten wie Musikergehälter. Aber wenn es darum geht, mit diesen Musikern besondere Projekte anzugehen, dann ist diese Bereitschaft höher. Nehmen wir den »Education-Bereich« – das ist zwar ein angelsächsischer Begriff, aber er sagt auch mehr als »Bildung« oder »Vermittlung«. Es ist Information, es ist Motivation, es ist Kommunikation, es ist Sinnlichkeit, es ist ein Geben und Nehmen, eine Zweiwegbeziehung, es ist auch das Voranschreiten und Immerweitergehen in der Wissensvermittlung – eine sehr lustvolle Wissensvermittlung –, denn der gern zitierte Satz »Man sieht nur, was man weiß«, gilt mit bestimmten Modifikationen auch fürs Hören. Sie hören mehr, wenn Sie mehr wissen, erst recht wenn Sie etwas wiedererkennen. Musik hören und Musik machen hat viel mit Wiederholung zu tun, mit Lernen, mit Feedback. Wenn Sie es verstehen, diese Prozesse so zu organisieren, dass das Publikum bewusst oder unbewusst davon profitiert, dann haben Sie den Schlüssel zum Erfolg.

Würden Sie sagen, dass man dafür eine neue Art der Programmgestaltung braucht? Die Menschen müssen ja zunächst in die Häuser gelockt werden.

Ja, da gibt es erst einmal Schwellenängste. Wir sollten uns nichts vormachen, wenn wir das Glück hatten, noch durch Eltern und Schule an die Musik herangeführt worden zu sein. Künftig kommt es immer mehr auf diejenigen an, die in der Schule nicht mehr zur Musik hingeführt werden, weil die musische Erziehung nicht mehr den Rang hat, der ihr in einer humanistischen Erziehung gebühren würde. Deshalb müssen wir zunehmend diesen Prozess selbst gestalten. Dabei wiederum kommt es uns entgegen, so absurd das klingt, dass die Schulen in einer solchen Mangelsituation sind, selten gut ausgebildete Lehrer haben und oft nicht genügend Mittel. Wir gehen mit »echten Philharmonikern« in die Schule. Das sind Menschen, die von Musik vollständig geprägt sind und die auch ihre eigene Lust an der Musik anderen vermitteln können. Das ist etwas anderes als wissenschaftlicher oder pädagogischer Unterricht. So stellt sich Unmittelbarkeit ein, Subjektivität. Genau das, was Musikvermittlung braucht.

Auf der Triennale in Köln haben Sie dem Publikum die Musik eines Jahrhunderts vorgestellt: Techno, Jazz, Rock, Chansons und klassisch besetzte Kammermusik, experimentelle und elektronische Musik ... Wie reagierten die Zuhörer?

Im Rheinland war das eine große Erfahrung. Die Menschen dort sind sehr offen und sehr sinnlich, und sie räumen vorhandene Vorurteile schnell aus. Deshalb hat mir die Kunst des »Verführens« dort auch besondere Freude bereitet, weil sie eben auch Langzeitwirkung hatte. In Köln ist das Publikum heute merklich jünger als hier in Berlin. Die Form der »Audience development« hat sich dort glänzend bewährt.

Also doch die Bühne als moralische Anstalt?

Es ist natürlich ein Erziehungsprozess, auch eine moralische Verpflichtung, dies zu leisten. Es ist wunderbar, dass die Kölner das früh erkannt und mir die Freiheit gegeben haben, das Programm so offen zu gestalten. Es wurde ein denkbar erfolgreicher Prozess – im Nachhinein darf ich das vielleicht sogar selbst sagen.

Sie haben empfohlen, statt ein Überangebot an Orchestern und Opern in Berlin zu beklagen, sei es wichtig, das spezielle Profil eines Orchesters, einer Institution herauszuarbeiten und es dem Publikum eigentlich bewusst zu machen, damit man sich über die Vielfalt freut.

Da gibt es doch ganz fabelhafte Ansätze. Wir als Philharmoniker haben unsere Art, Programm zu machen. Das Deutsche Symphonie-Orchester unter Kent Nagano macht es auf eine ganz andere Art und Weise und spricht ein anderes Publikum an. Die Staatskapelle macht es wieder anders. Die Berliner Symphoniker, die ja schon sehr stark im Schulbereich tätig sind, leisten ganz vorzügliche Arbeit. Jede dieser Institutionen hat enorme Meriten und große Chancen. Es kommt darauf an, diese Profile richtig zu kombinieren. Wir werden die Philharmonie für die Orchester erreichbar machen, indem wir als Philharmoniker z. B. attraktive Samstagabendtermine freigeben. Wir machen dann unser Konzert am Nachmittag, damit ein anderes Orchester am Abend spielen kann. Das sind praktische Formen der Partnerschaft und Kollegialität, wie man sich in solchen Institutionen helfen kann, denn jeder Euro, den sich ein Berliner Orchester auf dem freien Konzertmarkt an Eintrittsgeldern holt, muss nicht vom Senat zur Verfügung gestellt werden. Je besser sich diese Orchester hier in Berlin und in der Welt positionieren können, desto günstiger ist das für Berlin. Wir sollten uns ergänzen und nicht verdrängen. Deshalb auch meine Diskussionen mit den Festwochen, um den optimalen Zeitpunkt ihrer Durchführung herauszufinden, zu dem wir uns ergänzen.

Sie gehen »marketingstrategisch« vor.

Vermittlungsarbeit oder Marketing. Ich hatte das große Glück, an der Ludwig-Maximilians-Universität auf Robert Nieschlag zu treffen, der übrigens auch der Lehrer von Roland Berger war. Er hatte sehr verantwortungsbewusste und schöpferische Ideen über Marketing. Solche Ansätze z. B. zu kombinieren mit dem kritischen Rationalismus eines Karl Popper, der großes Verständnis für soziale Abläufe in der Gesellschaft hatte und dafür, wie überhaupt gesellschaftlicher Fortschritt zustande kommt – solche Anregungen helfen auch im Bezug auf Musikvermittlung zu Erfolg versprechenden Ideen. Sicher, es gibt viele widrige Prozesse, und ich will gar nichts schönreden. Aber es gibt Möglichkeiten, sich einzubringen. Man muss dies nur konsequent und leidenschaftlich tun. Wenn Sie selbst nicht mit Haut und Haaren daran glauben, können Sie nicht erwarten, Ihr Publikum mitzuziehen.

Wir haben natürlich in Berlin eine besondere Situation. Es fehlt die Großindustrie als Sponsor, und wir haben eine dünne Schicht von Bildungsbürgertum.

Das ist ein ernsthaftes Problem, und es setzt der blühenden Landschaft, die es hier geben könnte, auch Grenzen. Auf der anderen Seite hat Berlin eine nationale Ausstrahlung, und wenn Unternehmen sich in der Pflicht sehen, in der Hauptstadt etwas zu tun, um diese komplizierte Stadt Berlin voranzubringen, dann wird das außerhalb Berlins großen Respekt und Sympathie erwecken. Die fabelhafte Resonanz, die wir auf das modellhafte Sponsoring durch die Deutsche Bank gegenwärtig erfahren, sollte auch für andere Unternehmen zum Vorbild werden.

Ich kenne aber auch die Diskussion über die Länderfinanzierung von Bundeseinrichtungen, sie ist durch politisches Kalkül überlagert. Es gibt aber eine moralische Qualität – etwas für die Kulturnation Deutschland zu tun. Berlin ist ein ganz besonderes Forum, wenn auch nicht das einzige. Ich bin kein Zentralist, vielmehr ein ausgeprägter Föderalist. Allein die Dichte der drei Opernhäuser und der acht Sinfonieorchester sind für sich genommen ein Gut. Nicht einfach nur eine historische Verlegenheit, wegen der Doppelungen von Ost- und West-Berlin, sondern eine ganz große Chance. Man kann die Frage andersherum stellen: Sind drei Opernhäuser für das Repertoire aus bald vier Jahrhunderten eigentlich genug? Es gibt immer noch sehr viel andere Initiativen über die staatlichen und öffentlichen Initiativen hinaus, wenn sich private Gruppierungen, wie z. B. die Neuköllner Oper oder die zeitgenössische Oper, ein Forum schaffen. Das zeigt, dass es immer noch unabgedeckte künstlerische Ideen und damit verbunden noch unabgedeckte Publikumssegmente gibt. Es gibt jede Menge Nachfragen, die noch nicht an der richtigen Stelle angekommen sind. All das zu mobilisieren wäre eine große Aufgabe für Stadtmarketing, für Marketing generell, für die einzelnen Institutionen. Dieses latente Interesse zu konkreter Nachfrage werden zu lassen, das ist es ja, was Marketing leisten soll: genügend Informationen zur Verfügung zu stellen und die Menschen zu motivieren, etwas im vollen Bewusstsein und in der Erkenntnis der ganzen Schönheit wahrzunehmen, an sich heranzulassen. In einer Zeit, in der man sich 12 bis 15 Passworte merken muss, um durch den schnöden Alltag zu kommen, beginnt für viele Menschen der bessere Teil des Tages doch dann, wenn sie endlich bei sich sind und sich einfach der Musik aussetzen dürfen. Dafür müssen wir das Publikum durch unsere Aktivitäten, durch unsere Art der Wissensvermittlung entsprechend disponieren. Das kann im Internet erfolgen, das kann durch Publikationen erfolgen. Dann sind die Menschen am Ende des Tages wieder glücklicher, vielleicht eben sogar ein bisschen lebenstüchtiger, als es ohne unsere Arbeit der Fall wäre.

Welche Chance sehen Sie, dass wir als Firma Bechstein in Ihrem Konzept partnerschaftlich mitwirken können?

Sie haben natürlich das Interesse, möglichst viele gute Klaviere unter die Menschen zu bringen. Wir möchten möglichst viele Menschen generell mit Musik in Kontakt bringen. Es ist ein fortgeschrittenes Stadium, wenn Sie es schaffen, dass in unserem Publikum der Anteil derer, die selbst Musik machen, möglichst hoch ist. Insofern ergänzt sich das ganz vorzüglich. Sie würden gewissermaßen die Menschen, die wir hoffentlich im recht verstandenen Sinne wachgeküsst haben, erst recht dazu motivieren, selbst Musik machen zu wollen. Selbst schöpferisch tätig zu sein setzt doch die eigentlichen Kräfte frei. Und insofern ist dies ein Prozess, der einen bestimmten Teil des Publikums erfassen kann. Natürlich müssen dabei viele Faktoren zusammenkommen – Klaviere müssen erschwinglich bleiben und Menschen konkret zum Klavierspielen hingeführt werden, man muss ihnen auch die Lust dazu vermitteln. Das ist das andere große Thema: Wo wird ihnen im Leben sonst so viel Lust ohne negative Folgen geboten? Wenn Sie zu viel rauchen, essen und trinken, eben zu viel Lust entfachen, hat es immer negative Folgen. An übermäßigem Musikgenuss ist noch niemand gestorben. Musik machen trägt vielmehr ganz wesentlich dazu bei, dass man sich in einem Gemeinwesen besser zurechtfindet. Wir haben hier in der Philharmonie – das ist eines der großen Verdienste Herbert von Karajans – die Orchesterakademie, wo die besten »young professionals« herangezogen werden, wenn die Besten der jeweiligen Jahrgänge zu uns eingeladen werden. Das wird seit Jahren nur privatwirtschaftlich, also nur von der deutschen Wirtschaft getragen. Dies ist Karajans historisches Verdienst. Jetzt aber müssen wir uns auch verstärkt auf der Publikumsseite um junge Menschen kümmern, übrigens auch um unsere älteren Menschen. Die Erhöhung der Lebenserwartung hat ja den Vorteil, dass die Menschen länger gesund bleiben und länger ins Konzert kommen können. Nach ihrer Berufstätigkeit haben viele endlich Zeit, sich mit Musik zu beschäftigen, was ihnen in ihrer bisherigen Biografie nicht vergönnt war, sei es, weil sie die falschen Lehrer hatten oder im Elternhaus nicht gefördert wurden. Zum Beispiel übers Internet kann man Menschen in dieser Lebensphase noch einmal ermuntern, in einen Lernprozess einzusteigen, denn dieses Medium ist anonym, niemand muss zugeben, dass er sich in Musik nicht so gut auskennt. Sie können sich das Wissen selbst und anonym aus dem Internet holen. Wenn wir uns intelligent organisieren – noch fehlen uns die Mittel –, dann ist das ein weiterer wichtiger Schritt, auf menschenfreundliche Art in unser Programm einzuführen und dabei keine Hürden aufzubauen, sondern im Gegenteil Barrieren zu beseitigen. Darüber hinaus wollen wir auch noch die Neugier wecken, mehr wissen zu wollen, als für ein einzelnes Konzert notwendig wäre, zum Beispiel durch Datenbanken mit weiterführenden Informationen über den Komponisten und Klangbeispielen. Das Wunderbare am Internet sind die Möglichkeiten, nicht nur verbale Informationen, sondern auch visuelle und auditive Erfahrungen anzubieten. Das ist der Charme. Es ist ein klingendes Buch. Eine klingende Enzyklopädie.

BECHSTEIN
Pianoforte-Fabrik
BERLIN SO 36
REICHENBERGER STR. 124

BECHSTEIN
PIANOFORTE-FABRIK
BERIN SO 36 · REICHENBERGER STR. 124

BECHSTEIN
Pianoforte-Fabrik
BERLIN SO 36 · REICHENBERGER STRASSE 124

SEIT 130 JAHREN
BECHSTEIN
BY SPECIAL APPOINTMENT TO:
H·M· THE CZAR OF RUSSIA
HER MAJESTY THE QUEEN
H·M· THE EMPEROR OF GERMANY
H·M· THE KING OF SPAIN
H·M· THE EMPRESS FREDERICK
H·R·H· THE DUKE OF EDINBURGH
H·R·H· THE PRINCESS LOUISE
LOVIS RHEAD

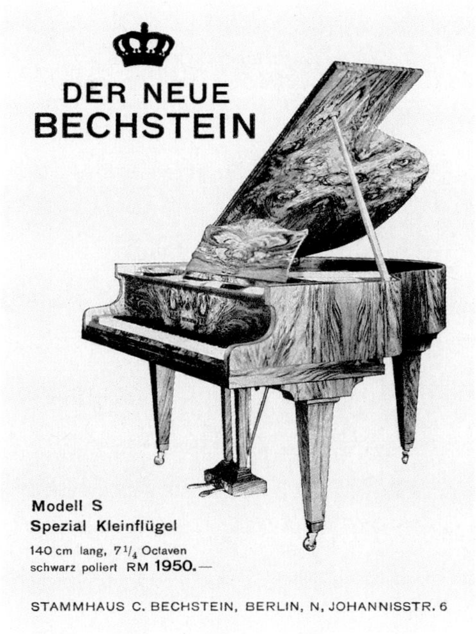

Plakate und Anzeigen aus dem 20. Jahrhundert

Rechte Seite: Bilder aus dem »Bechstein-Kultur-Film« aus dem Jahr 1926

DER BECHSTEIN-KULTUR-FILM
VOM WERDEN EINES FLÜGELS

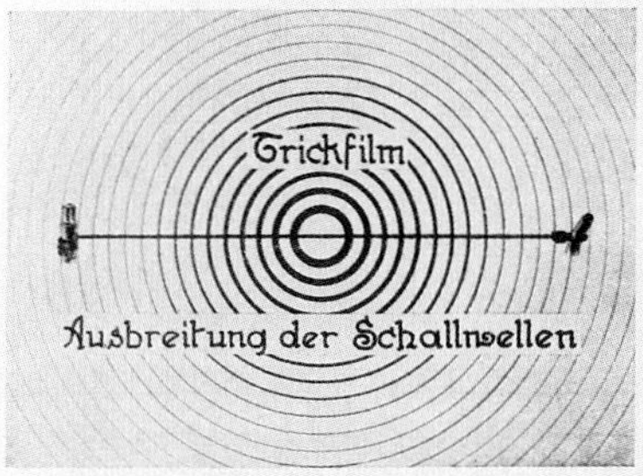

Warum Bechstein-Kultur-Film?

Jedes, auch das beſte Erzeugnis, das Menſchengeiſt und Menſchenhände hervorbringen, ſelbſt die größte Errungenſchaft der Technik braucht Fürſprecher, die von der kulturellen Bedeutung und dem Nutzen für die Menſchheit Zeugnis ablegen, heute und zu allen Zeiten. Auch der Bechſteinflügel!

Ein ſolcher „Fürſprecher" ſoll dieſer Film für den Bechſteinflügel ſein, für den Flügel, der ebenſo in Schlöſſern und Paläſten ſteht, wie im Konzertſaal und im Haus des Geiſtesarbeiters, für das Klavier, das Allgemeingut der Menſchheit geworden iſt.

Der Bechſtein-Film ſoll aber gleichzeitig eine andere, wichtigere Miſſion erfüllen: In weiteſte Kreiſe das Verſtändnis vom Werden eines Flügels zu tragen, iſt ſeine Aufgabe, die er auf intereſſante und leicht faßliche Art gelöſt hat.

Er ist ein Lehr-Film und darum ein Kultur-Film.

FILM DER DÖRING-FILM-WERKE · HANNOVER

OTTO v. HOLTEN, BERLIN C.

DER BECHSTEIN-KULTUR-FILM
VOM WERDEN EINES FLÜGELS

BECHSTEIN

Dieser Film zeigt in prächtigen Werkbildern und Trickfilmen das Entstehen des Klaviertones, die Bedeutung des Resonanzbodens und den Werdegang eines Bechsteinflügels vom rohen Holz zum Kunstwerk

FILM DER DÖRING-FILM-WERKE HANNOVER

Die gebogene Hohlwand, ein Teil des Flügelkastens

A U S   B E R L I N E R   K R I T I K E N

BERL. LOKAL-ANZEIGER: ... feſſelnd und lehrreich ...

DEUTSCHE ZEITUNG: Das Werk Carl Bechſteins in ſeiner Weltbedeutung findet hier ſeine volle Würdigung. ... zeigt in prächtigen Bildern den Aufbau eines Flügels ...

DEUTSCHE ALLGEMEINE ZEITUNG: ... Alle Weltteile liefern das Rohmaterial für den Bau, der dann in komplizierter Einzelarbeit zuſammengeſtellt wird. So geht der Flügel hinaus in alle Welt, als bewundernswertes Produkt deutſchen Könnens und Schaffens ...

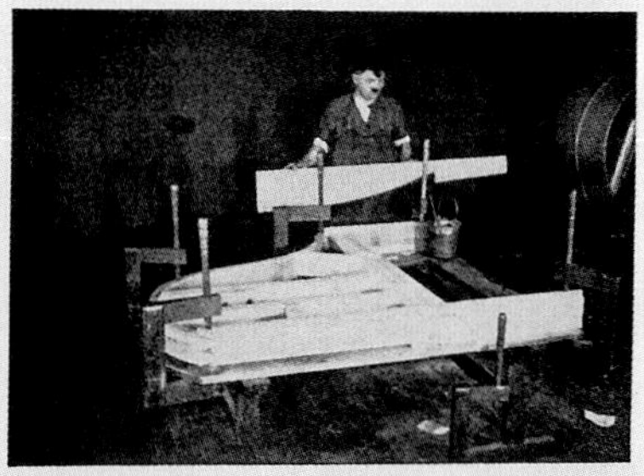

Wenn der Flügelkasten zusammengesetzt ist, wird der Stimmstock eingebaut

Jede Maschine ist an die Späne-Absaugeanlage angeschlossen

A U S   K R I T I K E N   D E R   F A C H P R E S S E

FILM-KURIER: ... Wunderbar plaſtiſche, geſchickt beleuchtete Aufnahmen zeigen den Werdegang vom rohen Holz bis zur Verſchiffung, bis zur Verwendung im Konzertſaal oder auf dem Ozeandampfer ...

VEREIN DEUTSCHER INGENIEURE: ... Man kann es nur begrüßen, wenn der Allgemeinheit ein lehrreicher Einblick in techniſches Schaffen gegeben wird.

HOLZARBEITER-ZEITUNG: ... techniſch geſehen, der beſte Film, den wir in der Holzinduſtrie haben ... Er gehört aber auch ſonſt zu den beſten Lehrfilmen ...

Die zum Kesselhaus beförderten Späne dienen zur Feuerung

DER BECHSTEIN-KULTUR-FILM
VOM WERDEN EINES FLÜGELS

B I L D F O L G E

Erster Akt

Konzert im privaten Muſikſalon

Grundprobleme der Akuſtik in Trickfilmen – Lehre von der Reſonanz – Holzlagerung – Die Bedeutung des Holzes im Inſtrumentenbau – Lufttrocknung – Dampfſtrocknung – Moderne Holzbearbeitungsmaſchinen – Rationelle Serienarbeit auf Modellrahmen – Der Zuſammenbau des Flügelkaſtens – Das Furnieren und Abſperren des Holzes in der Praxis und im Trickbild – Vom rohen Holz zum Kunſtwerk

Zweiter Akt

Das Furnieren des Holzes mit Maſchinen – Wie Holz in Form gebogen wird – Laubſägearbeit auf Maſchinen – Vom gehobelten Holzſtück bis zur Hochglanzpolitur – Der Reſonanzboden, ſeine Schwingungsfähigkeit – Die eigenartige Anordnung des Sägeſchnittes für Reſonanzbretter

Dritter Akt

Die eiſerne Platte im Flügel, ihr Zweck und ihre Oberflächenveredlung – Bronzieren der Platte – Das Beſpinnen von Baßſaiten mit Kupferdraht – Das Beziehen des Flügels mit den Saiten – Die Anſchlagsmechanik im Flügel – Der Weg des Anſchlages von der Taſte bis zur Saite – Die Klaviatur wird auf ein beſtimmtes Anſchlagsgewicht abgeſtimmt – Die Prüfung auf Klangreinheit

Alle Unebenheiten am fertigen Flügelkasten werden hier abgehobelt

A U S   B E R L I N E R   K R I T I K E N

DER TAG: ... Hoffentlich iſt dieſer Film bald wieder im Spielplan; denn es gibt noch viele, die gern hören und ſehen wollen, wie ihr Inſtrument zuſtande gekommen iſt ...

DEUTSCHE TAGESZEITUNG: ... nicht nur für den Fachmann, ſondern für jeden Muſikfreund von Intereſſe ...

BERLINER BÖRSENZEITUNG: ... Das Gezeigte dient dem Fachmann und intereſſiert Muſikfreunde und Laien in hohem Grade ... Schon des Films wegen wäre eine weiteſte Verbreitung erwünſcht, von wiſſenſchaftlichem Nutzen ſolcher Arbeit ganz abgeſehen.

Der Flügel wird mit Saiten bezogen

Hellmuth Karasek

Wenn die Musik der Liebe Nahrung ist … Über das Verhältnis zwischen Literatur und Musik

Es ist der liebeskranke Herzog Orsino, auf dem Eiland Illyriens lebend und herrschend, um von einer unerwiderten Liebe beherrscht zu werden – es ist dieser waidwunde Jäger, der sich Musik wünscht: »If music be the food of love, play on« – »… spielt weiter!«, wie es in der Schlegel-Tieck-Übersetzung heißt. Und: »Gebt mir volles Maß«, während Shakespeare nach Übermaß an Musik verlangt: »… the excess of it.«
Eine der dunkelsten, doppeldeutigsten, tiefsinnigsten Komödien Shakespeares verlangt gleich in der ersten Zeile, im ersten Satz nach Musik. Als Tröstung? Nein, als Heilung. Denn der Herzog verspricht sich, dass seine Liebesgefühle sich durch die Musik zur Übersättigung steigern; dass er die ihn überwältigende Liebe durch das Übermaß der Musik loswird, wie ein Vielfraß die Fresslust durch Völlerei.
Natürlich funktioniert das nicht, und so lässt Orsino die Musikanten auf der Bühne abbrechen. Im Theater geht dann meist ein mehr oder weniger gelungenes Gezupfe auf der Laute, gehen Gitarrenklänge in »modernen« Aufführungen zu Ende, wohl auch Zigeunermusik oder Pop-Balladen.
Die Musik, die Shakespeare verlangt und beschwört, die alles zu einer alles verzehrenden Flamme steigern soll, ist im Regelfalle der Musik von Shakespeares Sprache nicht gewachsen, sie hält der Wortmusik nicht stand. Das muss sie auch nicht, denn damals, an den Höfen der Renaissance, des Barock und des Rokoko, hatte die Musik, obwohl sie schon mächtig mit den eigenen Flügeln schlug, sich anschickte, in purer Selbständigkeit und Autonomie sich in die Lüfte zu erheben, damals war die Musik noch Magd, sie gehörte zum Gesinde, wenn auch zum edleren, die Musik war Tafelmusik, Salonmusik, Untermalung, Background fast wie im modernen Kino, wo sie dem Zuschauer auch auf die Sprünge der Gefühle hilft. Der Herzog will sie und kann sie an- und abschalten, heute würde er sich vielleicht eine CD auflegen, eine »Nocturne« von Chopin, »Misty« von Errol Garner.
Errol Garner ist gar kein schlechtes Beispiel. Denn so wie die höfische Musik, obwohl ihr die Ernährung der Liebe zugetraut, nur Begleitung, nur Stimmung, nur Hintergrund war, so war es auch mit der Musik der wunderbarsten Pianisten des Jazz, Errol Garner, Art Tatum, George Shearing: Sie spielten, während die Gäste sich über die klirrenden Gläser hinweg, tief in die Augen sahen: »der Liebe Nahrung«.
Noch etwas anderes steckt in der Eingangsszene von »Twelfth night«, von »Was ihr wollt«, nämlich dass die Musik eine ekstatische Kunst ist, dass die Menschen, die sie zu spielen vermeinen, ihr Resonanzboden werden, selbst zu Instrumenten der Musik, wie es in einem der schönsten, vielleicht auch jugendstilig schwülstigsten Gedicht von Rilke über zwei Liebende heißt: »Auf welches Instrument sind wir gespannt, und welcher Geiger hält uns in der Hand? Oh süßes Lied!«
Diese Ekstase ist eine fast »naturalistische« Rechtfertigung für die Oper, die uns in ihren geglücktesten Werken überzeugt, dass es menschliche Zustände gibt, die sich nur durch Musik, nur in der Musik ausdrücken lassen. »Die Hälse sind offen«, heißt es bei Franz Kafka, »es ist ein Wunder, dass wir nicht singen.« Und Shakespeares schnellstes, dringendstes, weil von instrumentalisierten Gefühlen übermanntes, überwältigtes Werk, der »Othello«, hat in der Tat in Verdis »Othello«, wäre das bei Shakespeare möglich, fast so etwas wie eine Steigerung ins Absolute (also: Musikalische) erfahren.
Und »Tristan und Isolde«? Ist diese Erfüllung im Verderben anders denkbar als in der Erfüllung der Musik? Wo das von Wagner angestrebte Gesamtkunstwerk sich dort erfüllt, wo es sich abheben wollte: in der absoluten Musik, die sich als autonomes Universum der Gefühle etabliert.

Es gibt einen Unterschied und der ist, wenn das falsche Bild erlaubt ist, wie mit Händen zu greifen, wenn man den »Othello« vor Aug' und Ohren hat und dem »Falstaff« und der gewiss wunderbaren Bühnen-Musik Mendelssohn Bartholdys zum »Sommernachtstraum« entgegen hält: Sie macht sich, bei all ihrem musikalischen Reichtum und Erfindungsreichtum zur »Magd« des Dramas, dem sie dient, das sie »illustriert«, ja das sie sogar in romantischer Verharmlosung einengt und eindämmt, ein Werk, dessen zerstörerisch orgiastische Kraft zu Elfenanmut in einer deutsch-romantischen Welt (Ludwig Richter) gezähmt wird – wie Schlegel-Tiecks romantische Übersetzung Shakespeare zähmte, wenn eben Orsino nur noch nach dem »vollen Maß« der Musik als der Liebe Nahrung verlangt, statt wie Shakespeare nach dem »Exzess«.
Vor Musik, ihrem Exzess, also ihrem Unmaß und ihrer Maßlosigkeit (die paradox genug, in strengste Form, also ins strengste Maß gepresst ist und in der Ausübung ein Übermaß an Disziplin verlangt) vor dieser die Menschen überwältigenden Kunstform hat man sich zu fürchten, weil sie die Ränder der Traurigkeit ausweitet ins Schwarztönende, wohin die Werte nicht reichen, weil sie Gefühle steigert über vernünftige, moralische, gesellschaftliche, ja menschliche Grenzen hinaus.
Mir ist das nirgends so klar geworden wie in Tolstois Erzählung »Die Kreutzersonate«, die von Eifersucht handelt, von Einbruch der rohen sinnlichen Gewalt in eine gezähmte Salonwelt. Da heißt es: »... die Musik zwingt mich, mich selbst, meine wahre Lage zu vergessen; ... unter der Einwirkung der Musik scheint es mir, als fühlte ich etwas, was ich eigentlich gar nicht fühle, als verstünde ich, was ich nicht verstehe, als könnte ich, was ich nicht kann.« Ich verlier' mich, so sagt Tolstoi voller Erschrecken, in der Musik und glaube mich im gleichen Moment zu finden: der »Liebe Nahrung« nährt mich und nährt das Ungeheuer, das mich überwältigt.
Und dann kommen – denken wir an die kollektiv verhängnisvolle Wirkung und Macht der Musik – prophetische Sätze, die der krankhaft Eifersüchtige spricht, in Hinblick auf den Geiger, der mit seiner Ehefrau musiziert: »In China ist die Musik eine staatliche Angelegenheit. Und so muss es auch sein. Ist es denn gestattet, dass jeder, dem es einfällt, einen anderen oder viele andere hypnotisiert und dann mit den Leuten macht, was er will.«
Die Macht der Musik: »Und nun so ein furchtbares Mittel in der Hand eines jeden beliebigen Menschen! Nehmen Sie bloß die Kreutzersonate, dass erste Presto – darf das denn im Salon vor dekolletierten Damen gespielt werden.« Und dann der höhnisch entscheidende Satz: »Erst spielen und dann tun, wozu einen diese Musik treibt.« Mit anderen Worten: Darf man der Seele die Nahrung geben, die einer Droge gleichkommt?
In der Spannung zwischen den (die Normen der Gesellschaft) sprengenden Gefühlen und dem, was gezähmt werden, in Schach gehalten werden muss, spielt die Musik die erste Geige. Diese Spannung ist es, die Wagners Welten bestimmt, im »Tristan« wie im »Tannhäuser« – und als Nietzsche sich von Wagner losgesagt hatte, dem er doch alle Einsicht über die Geburt der Tragödie aus der Musik verdankte, den Grund seiner Philosophie, die Beziehung des Dionysischen gegen das Apollinische, als er also der Bedrohung durch Wagners Musik entrinnen wollte, da hat er sich an die Ufer von Bizets »Carmen« zu retten versucht – auch das eine Welt, in der die Musik Ordnungen zerstört, so als würde sich in der Musik Archaisches offenbaren, über Zigeunerdämonie und Folklore hinaus.
Was Tolstois Kreutzersonate bestimmt und prägt, findet sich in Marcel Prousts »Auf der Suche nach der verlorenen Zeit« wieder, wenn im Salon der Verdurins die Sonate von Vinteuil erklingt mit ihrem kleinen Thema. Und Proust beschreibt auch eine bedrängende,

ja beängstigende Eigenschaft der Musik anhand der Sonate: dass nämlich die Musik (das Hören von Musik) »so wenig exklusiv ist, dass man jeweils darin finden kann, was irgend jemand uns suggeriert«. Musik, ein Gefäß, in dem das Amorphe wenn nicht Gestalt, dann doch Gewalt annimmt, Gewalt über uns gewinnt.

Ein Gefühl, das keinen Inhalt mehr braucht, um zu überwältigen. Ist das das Dionysische: und ist es gleichzeitig das Amoralische, das beispielsweise Wagner (der hatte es nötig!) in Mozarts/da Pontes »Così fan tutte« verstörte, ja abschreckte? In der Tat, hier wird die Lüge, die taktische Finte, der Betrug zur schönsten, ja reinsten Wahrheit des Gefühls erhoben – ein überirdisches, weil menschliches Unterfangen.

Dämonie wäre dann die Domäne der Musik, und so wurde bei Thomas Mann im »Doktor Faustus. Das Leben des deutschen Tonsetzers Adrian Leverkühn« zum nationalen Schicksal, zum Teufelspakt der Deutschen mit der Musik.

Ähnlich wie Tolstoi macht er die ausufernden, überbordenden Gefährdungen an Beethovens späten Klaviersonaten fest, »drei Töne nur, eine Achtel-, eine Sechzehntel- und eine punktierte Viertelnote, nicht anders skandiert als etwa: ›Himmels-blau‹ oder ›Lie-besleid‹ oder ›Leb mir wohl‹ oder ›Der mal einst‹ oder ›Wie-sen-grund‹, und das ist alles. Was sich mit dieser sanften Aussage, dieser schwermütigen stillen Formung nun in der Folge rhythmisch-harmonisch-kontrapunktisch begibt, womit ihr Meister sie segnet und wozu er sie verdammt, in welche Nächte und Überhelligkeiten, Kristallsphären, worin Kälte und Hitze, Ruhe und Ekstase ein und dasselbe sind, er sie stürzt und erhebt, das mag man wohl weitläufig, wohl wundersam, fremd und exzessiv großartig nennen, ohne es doch damit namhaft zu machen, weil es recht eigentlich namenlos ist …«

Man sieht, der Schriftsteller braucht eine Fülle von Oxymora, von sich ausschließenden Gegensätzlichkeiten, um Musik als der Gefühle Nahrung zum Wort zu bringen, dem sich die Musik entzieht, indem sie auch das Wort mitreißt und in einen Taumel und Wirbel versetzt. Musik und Wort, sie dienen einander gegenseitig, aber sie sind auch, um Rilke nochmals zu zitieren, »auf ein Instrument gespannt«. Nirgends schöner, seltsamer, einander aufhebend und einander steigernd, einander erklärend und einander bändigend befreiend wie im »Lied«, wie bei Schumann, Schubert, Brahms, Wolf, Mahler, wo die Musik Stimme und Begleitung in einem ist und das Wort in der Musik aufgeht.

Es gibt Zeiten, da waren Musik und Dichtung eins, in den Chören der Antike, in den Minneliedern des Minnesangs – und jetzt im Rap und Hiphop der Ghettos.

Im Lied der Romantik und Nachromantik haben Musik und Dichtung die schönste Kuppelei betrieben, waren einander selbst genug und konnten so der »Liebe Nahrung« werden.

Fragen an **Lars Vogt**

Wie entstand Ihre Beziehung zum Klavier? Was hat Sie gerade ans Klavier gelockt?

Das Klavier stand bereits im Haus, da meine beiden älteren Geschwister vor mir angefangen hatten, Klavier zu spielen. Außerdem war meine Oma verrückt auf Klaviermusik und hat mir sogar selbst die allerersten Noten beizubringen versucht.

Welche Vorbilder haben Sie begleitet?

Ich hatte sehr unterschiedliche Vorbilder über die Zeit: In der Jugend haben mich zwei so unterschiedliche Charaktere wie Claudio Arrau und Glenn Gould sehr beeinflusst. Heute gibt es vielleicht nicht mehr wirkliche Vorbilder, sondern besonders bewunderte Künstlerpersönlichkeiten, die mich beeinflussen können, wie zum Beispiel Simon Rattle oder Cecilia Bartoli.

Was bedeutet das Klavierspielen in Ihrem Leben?

Alles (außer meiner Frau und meiner Tochter natürlich)! Klavier spielen ist allerdings nur der physische Ausdruck dessen, was wirklich glücklich macht:
Beschäftigung mit Musik.

Können Sie sich ein Leben ohne Klavier vorstellen?

Nein.

Was würden Sie in Ihrem Beruf verändern – wenn Sie könnten?

Die Zeitabläufe der Konzert- und Aufnahmeplanung – mit dem Ziel, mehr in Ruhe zu Hause zu sein und zu arbeiten, dann einige wenige schöne Resultate aufzunehmen und im Konzert vorzustellen. Das sollte eigentlich auch realistisch leistbar sein. Ich arbeite daran.

Macht Musik glücklich?

Ja, in dem Sinne, dass Musik unser Seelenleben reflektiert; das kann durchaus auch schon einmal bedeuten, dass sie traurig macht oder sogar wütend. Aber das Ausleben all dieser Emotionen in großer Kunst, das ist Glück.

Hat Musik Sie verändert?

Auf jeden Fall, jeder verändert sich durch die Dinge, die ihn auf Dauer umgeben. Musik führt ganz sicher zu größerer emotionaler und persönlicher Offenheit.

Lesen Sie Kritiken?

Ja, und ich glaube niemandem, der das Gegenteil behauptet.

Was kann Musik nicht leisten?

Diese Frage bringt mich ins Grübeln. Mein erster Gedanke: Tote wieder lebendig machen. Denn Kranke gesund machen, das geht, das wissen wir, bereits. Andererseits spielen wir sehr viel Musik toter Komponisten, und wer würde behaupten, dass zumindest diese dadurch nicht doch auch durch ihre Schöpfungen weiterlebten?
Was kann Musik nicht? Vielleicht Kriege verhindern? Menuhin hat es versucht, andere sehr politische Musiker ebenso, meist mit geringem Erfolg. Vielleicht lag es daran, dass die Adressaten nie das Musikhören gelernt hatten.

Sollte man Klavier spielen können?

Geige, Cello, Bratschen, Kontrabass, Flöten, Oboe, Fagott, Klarinette, Horn, Posaune, Trompete, Tuba, Schlagzeug, Gitarren, Mandolinen, Blockflöten, Saxophon, Mundharmonika, Akkordeon … tun es auch, wenngleich auch dann zumindest etwas Klavier spielen nicht schadet! Ein Instrument sollte jeder einmal gespielt haben, es kann entscheidend für die Entwicklung eines Menschen sein. Das ist eine Aufgabe für eine umfassende Schul- und Musikunterrichtsreform.

Wolfram Goertz

Musikkritik – zwischen Beifall und Verriss

Ich habe den schönsten Beruf der Welt, denn es ist mir gelungen, meine Leidenschaft zum Job zu machen. Ich bekomme überall Freikarten, kann die Dame meines Herzens mitschleppen, bekomme große Orchester frei Haus, bin Gast bei den wichtigen Premieren, gehe sogar in Salzburg oder Bayreuth ein und aus. Ich bewege mich in der höheren Gesellschaft, man kennt mich, achtet mich, verachtet mich, beschimpft mich, fürchtet mich, belächelt mich. Ich bin Musikredakteur einer großen Tageszeitung.

Meine Kollegen im Feuilleton geben mir Spielraum, weil sie ihn auch für sich in Anspruch nehmen. Wir sind ein unentbehrliches Minderheiten-Ressort. Der Chefredakteur hält mich für divenhaft, aber das gefällt mir, denn ich gehöre zu jenen Privilegierten in der Zeitung, die auch nach außen hin immer ihre Meinung sagen können.

Ich habe aber auch den schlimmsten Beruf der Welt, denn so groß wie die Angst des Torwarts vor dem Elfmeter ist die Einsamkeit des Kritikers vor dem leeren Bildschirm. Ich bin von Berufs wegen eitel, denn ich muss meine Texte lieben, sonst könnte ich sie nicht zur Veröffentlichung freigeben. Dieser Anspruch aber kann Folter sein. Hat schon jemand darüber nachgedacht, wie schwer es ist, einen guten Einstieg zu finden – keine Nullachtfünfzehn-Phrase, sondern etwas Überraschendes, Magnetisierendes, das den Leser zwingt, über den ersten Satz hinaus weiterzulesen? Mit Routine bekomme ich jeden Text über die Runden, ich betreibe das Geschäft seit 1978 und weiß mittlerweile, wie man in 30 Minuten eine taugliche Kritik runterschreibt. Das können glänzende Verrisse sein, und Verrisse schreiben sich am schnellsten, denn es gibt keinen guten Kritiker, der nicht die Kraft der Bosheit in sich verspürt. Doch 30-Minuten-Texte sind manchmal wie die 5-Minuten-Terrine: nicht ganz so exquisit.

Und dann der leere Bildschirm. Zum Teil ungezählte Versuche des Beginnens. Verwerfungen. Lähmung. Es kann eine Stunde vergehen, bis der Blitz einschlägt und ich die Formel gefunden habe. Dann fallen mir manchmal zu viele Bilder, zu tolle Formulierungen, zu witzige Metaphern ein, und die Texte werden barock, überladen und schwülstig. Ein anderes Mal fällt mir überhaupt nichts Originelles ein. Der Musikkritiker kann nicht ökonomisch arbeiten, denn er entzündet sich jeweils nur am Gegenstand – an Musik.

Jeder kennt das: Man freut sich auf einen festlichen Abend, hat zwei Karten für ein Sinfoniekonzert mit den Wiener Philharmonikern erstanden, bestellt für hinterher einen Tisch in einem guten Restaurant. Im Konzert befindet man sich im Kreise gut gestimmter Menschen, man applaudiert begeistert, nickt einander zu: »Es war doch ein herrlicher Abend!« Dann schlägt man am übernächsten Morgen die Zeitung auf. Und dort liest man den Text eines Musikkritikers, der öffentlich erklärt, dass er das Konzert langweilig fand, die Tempi zu lahm, das Orchester unerfreulich routiniert. Was denkt der überraschte Leser? Denkt er empört: »Wie kann der so was schreiben, das Publikum war doch begeistert!« Fühlt er sich peinlich berührt, weil ein angeblicher Fachmann so verquer zu seiner Meinung liegt? Schreibt er einen Leserbrief und mahnt den Chefredakteur, zukünftig bessere Leute ins Konzert zu schicken?

Da sind wir mitten im Problem. Was darf der Kritiker? Wie objektiv muss oder kann er sein? Wie kommt es, dass verschiedene Kritiken zum selben Konzert oft so unterschiedlich ausfallen? Wie weit darf der Kritiker von der Publikumsmeinung abweichen? Zunächst einmal: *Die* Publikumsmeinung gibt es gar nicht. Wer nach einen Konzert einmal Sozialforschung betreibt, wird feststellen, dass die meisten Leute unterschiedlicher Meinung sind, auch wenn nachweislich alle geklatscht haben. Die Folgerung ist zwangsläufig und unabweisbar: Der Kritiker darf nur auf seine eigene innere Stimme hören. Der Beifall ist keinerlei Indiz dafür, ob etwas »gut« oder »schlecht« ist, sondern bestenfalls, dass etwas »gefallen« hat. Viele Leute klatschen indes nur aus Anstand, weil sie für ihr Geld eine geldwerte Leistung erwarten. Ich aber habe Freikarten und brauche nicht auf diesem ökonomischen Wechselspiel zu bestehen.

Was gefällt dem Kritiker also? Woher bezieht er seine Kriterien? Was sind seine Maßstäbe? Da ist jeder Kritiker anders. Die meisten verlassen sich zu Recht auf ihren Geschmack (der subjektiv ist). Ein Kritiker, der Beethoven am liebsten in der Interpretation eines Otto Klemperer hört – wuchtig, erhaben –, der wird bei einer Aufführung mit alten Instrumenten, in kleiner Besetzung und mit geschwinden Tempi womöglich seine Schwierigkeiten haben. Viele Kollegen haben eine feste Erinnerung als prägendes Modell im Kopf, wenn sie eine Aufführung besuchen, was ich nicht nur für zulässig halte, sondern auch für unvermeidlich. Man kann sich seine Erfahrungen ja nicht aus dem Kopf schlagen; ohnehin gibt es Aufnahmen und Konzerterlebnisse, die noch lange danach den Rang eines Ideals einnehmen. Ist durch solche Ausnahmefälle, aber auch durch die mediale Allgegenwart perfekter Aufnahmen nicht die Urteilskraft eines Kritikers blockiert? Ich glaube nicht, denn wenn er sein Amt rechtschaffen und lauter ausübt, wird er unbelastet und neugierig zu jedem Klavierabend mit Beethoven-Sonaten gehen, auch wenn er Friedrich Gulda, Emil Gilels, Artur Schnabel, Claudio Arrau oder Alfred Brendel zu seinen Hausgöttern rechnet. Und vielleicht wird er Entdeckungen machen, die sein festes Bild, wie ein Stück zu spielen sei, erweitern, unterlaufen, durchkreuzen.

Das lässt sich an einem Beispiel klarmachen, das auch zeigt, wie mehrere kluge Kritiker beim selben musikalischen Ereignis zu unterschiedlichen Beurteilungen kommen können. Nehmen wir Beethovens bekannteste Klaviersonate, die »Pathétique«: Da haben wir in allen drei Sätzen ein gemeinsames Motiv, das dort in jeweils neuer Umgebung jeweils neuen Sinn stiftet. Spielt unser Ernstfall-Pianist den schnellen Schlusssatz langsamer als üblich, wird Kritiker A ihm lobend bescheinigen: »Es war fabelhaft, wie der Pianist im Schlusssatz durch das überlegt gezügelte Tempo unmittelbar klarmachte, dass der Komponist ein zentrales Motiv der beiden vorangegangenen Sätze weiterverwendet hat. Man vernahm also eine meisterhafte, die Struktur des Werks genau erfassende und analysierende Darbietung über die Satzgrenzen hinaus.« Kritiker B aber könnte eben diesen Sachverhalt völlig außer Acht lassen und zu mäkeln beginnen: »Der Pianist hat freilich den geistigen Sinn dieses Schlusssatzes, dessen nervöses Feuer nämlich, völlig außer Kraft gesetzt, indem er die Musik fast schon betulich herunterbuchstabierte. Es war eine Versündigung an Beethovens Sinn.«

Beide Kritiker haben Recht. Es gibt im Bereich der Wertung kein »Richtig« oder »Falsch«. Allerdings gibt es über den Geschmack hinaus einen wesentlicheren Maßstab für die Beurteilung – und das ist die Partitur. Ich fordere von jedem Musikkritiker, dass er Noten lesen kann und optimal vorbereitet ist. Was mich betrifft, schleppe ich die Partitur sogar mit in den Konzertsaal und lese sie beim Hören mit. Ich bestreite die so genannte Freiheit des Interpreten vehement. Natürlich gibt es einen Ermessensspielraum, und es wäre Unsinn, von einem Dirigenten zu verlangen, er solle sich vor der Aufführung noch einmal das Metronom für die originalen Tempi einstellen. Aber sobald die von ihm beanspruchte Individualität den Absichten des Komponisten zu stark widerspricht, dann muss ich einschreiten. Als Kritiker bin ich sozusagen der Anwalt des Komponisten.

Für wen schreibt der Kritiker? Will er die anderen Zuhörer bevormunden? Lebt er sein Ego aus? Ich möchte dem Leser meine Position verdeutlichen, was nur geht, wenn ich meine

Wertungen mit Belegen versehe und ihn in die Argumentation einbeziehe. Es liegt bei ihm, ob er sich mir anschließt. Ich bin natürlich davon überzeugt, dass ich subjektiv Recht habe; und manchmal habe ich sogar auch gegen den Willen des Publikums Recht, wenn sich Künstler unsinnige, Effekt haschende Eingriffe in die Partitur erlauben, die der Laie nie erkennen würde. Andersherum kann es passieren, dass ich nach einem lauwarm beklatschten Abend einen Hymnus schreibe, weil ich etwas Ereignishaftes entdeckt zu haben glaube. Auch das versuche ich zu begründen. Aber auch dann erwarte ich keinen Schulterschluss des Lesers.

Ja, der Leser, das unbekannte Wesen. Ich will ihn einfangen, ihn auf meine Seite ziehen und doch mündig lassen. Ich will, dass er meinen Argumenten ein Nachdenken schenkt – dann hätte ich schon viel erreicht. Keinesfalls schreibe ich nur für diejenigen, die mit mir im Konzert waren. Dann könnten wir hinterher, gleich nach der Aufführung, ein öffentliches Schnellurteil abgeben. Unmittelbar nach dem Konzert – wenn Leute mich fragen: »Wie fanden Sie es denn?« – wüsste ich zwar schon eine eindeutige Erklärung abzugeben. Oft aber wächst die Präzision der Beweisführung während des Schreibens. Erst der fertige Text gibt die in sich logische, unzertrennbare Beweiskette ab.

Deshalb ist eine Hauptanforderung an die Musikkritik, dass sie gut geschrieben ist, und das macht die Arbeit um ein Vielfaches schwerer. Wie leicht, den ganzen Phrasenhagel abzudonnern; wie leicht, sich hinter der Fachsprache zu verstecken. Gleichwohl schafft es der Musikkritiker im Optimalfall, die besondere Entfernung zum Gegenstand mit Sprache zu überbrücken. Der Theaterkritiker kann das Bühnenbild beschreiben oder das, was ein Schauspieler aus einer Rolle macht. Der Kunstkritiker kann zehnmal um die Skulptur herumgehen. Der Literaturkritiker hat den unveränderlichen Wortlaut des Romans oder Gedichts vor sich. Der Musikkritiker aber hat eine in der Zeit verrinnende Kunstform vor sich, die dem sprachlichen Lasso widerstrebt. Es gehört eine gesteigerte Fantasie und Sinnlichkeit dazu und das sprachliche Talent, die Eindrücke in Kopf und Herz in Sprache zu fassen.

Dabei bin ich hart gegenüber mir selbst, denn ich bin ja mein erster Leser. Ich muss selbst von meinen Texten und ihrer Logik gefesselt sein. Als Kritiker lasse ich auf meine Eitelkeit nichts kommen, denn sie ist die Voraussetzung für journalistische Qualität. Demut, Bescheidenheit, Pflichtgefühl hin oder her: Wenn ich mich selbst nicht überzeugend finde, wenn ich mir selbst in meinen Texten nicht brillant vorkomme – wie kann ich meine nicht minder kritischen Leser überzeugen?

In meinen Texten möchte ich den Leser auf hohem Niveau unterhalten. Meistens soll ein Text wenigstens eine heitere, komische, zum Schmunzeln anregende Passage bieten. Aber nicht immer ist Humor vonnöten: Ein glänzend geschriebener Verriss muss nicht komisch sein und kann dennoch ein beträchtliches morgendliches Lesevergnügen bieten. Dabei würde ich den Lockungen der Bosheit niemals nachgeben, wenn ich nicht restlos davon überzeugt wäre, dass ein Abend künstlerisch ein mittelschweres Eisenbahnunglück war.

Heute sehe ich manches anders als noch vor fünf, zehn Jahren, ich bin reifer geworden, und einiges würde ich jetzt sicher anders beurteilen. Es kommt mir zugute, dass ich mir heute aussuchen kann, worüber ich schreibe. Wenn mir das Programm gefällt, gehe ich ganz sicher hin. Kleine Spielfehler, ein Kiekser im Horn, die vom Orchester nicht ganz homogen ausgefeilte Überleitung zwischen Haupt- und Seitenthema eines Sinfonie-Finales interessieren mich gar nicht. Denn es kann trotz kleiner Patzer insgesamt ganz Großes herauskommen – dass die Idee eines Werks getroffen wird; dass eben jenes Beethoven-Finale mit fast kinetischer Energie aufgeladen wird; dass sich das reine dunkle Glück der Brahms'schen Schwermut einstellt. Dann bin ich glücklich und zähle die Macken nicht. Kritiken schreiben bedeutet auch: das Nebensächliche zugunsten des Eigentlichen vernachlässigen können; entscheiden, was wichtig ist.

Musikkritiker sind möglicherweise ein versnobtes Häufchen. Vielleicht rührt es daher, dass oft so abschätzig über sie gesprochen wird. Viele Leser messen Musikkritiken einen zu hohen Stellenwert bei und reagieren verschnupft, wenn diese zu anderen Wertungen kommen als sie selbst. Dann heißt es: »Dem kann man ja sowieso nicht glauben!« Eben: Man soll mir ja auch nicht glauben, soll seine eigene Meinung nicht revidieren, soll sich nicht selbst für blöd halten. Man soll mir jedoch abnehmen, dass ich auch nach der ersten Entrüstung meine Meinung noch sorgfältig überdenke, sie vielleicht nicht ganz so harsch ausfallen lasse; dass ich mir über die Wirkungen im Klaren bin. Gleichwohl versuche ich immer, meiner Meinung über ein künstlerisches Ereignis eine Tendenz zu geben. Ich will und darf den Leser nicht im Unklaren darüber lassen, ob ich den Daumen lieber heben oder senken möchte.

Das Beruhigende ist, dass genau die Leute, die uns Musikkritiker am liebsten ins oberfränkische Sibirien versetzt sähen und uns sowieso kein Wort mehr glauben, am übernächsten Tag wieder die Zeitung aufschlagen und mit unverhohlener Neugier lesen, was ich oder ein anderer über ein Konzert verlautbaren. Es ist auch die Gewissheit, dass man mich auch heute noch fürchtet, schätzt, beschimpft, achtet, verachtet, belächelt, die mir meinen Beruf so lieb und teuer macht und die Stunden vor dem leeren, sich nur allmählich füllenden Bildschirm zu einem wunderbaren Geschäft. Für mich ist es wirklich der schönste Beruf der Welt.

Fragen an **Christian Zacharias**

Wie entstand Ihre Beziehung zum Klavier? Was hat Sie gerade ans Klavier gelockt?	Meine Klavier spielende Schwester hat mich dazu gebracht.
Welche Vorbilder haben Sie begleitet?	Dinu Lipatti, Vlado Perlemuter, Wladimir Horowitz, Arturo Benedetti Michelangeli.
Können Sie sich einen anderen Beruf für sich vorstellen? Ein Leben ohne Klavier?	Einen anderen Beruf kann ich mir schon vorstellen, ein Leben ohne Klavier schwer.
Was würden Sie in Ihrem Beruf verändern – wenn Sie könnten?	Etwas weniger spielen, etwas mehr für meinen geplagten Rücken tun.
Macht Musik glücklich?	Erstaunlich oft – aber vergessen Sie nicht, als suchender Interpret ist man genauso oft unzufrieden, unglücklich.
Hat Musik Sie verändert?	Nein. Schwierige Lebenssituationen oder menschliche Beziehungen verändern, aber Musik?
Lesen Sie Kritiken?	Ja. – Alle lesen Kritiken, auch diejenigen, die behaupten, sie nicht zu lesen.
Was kann Musik nicht leisten? Liebe, Lust und Leidenschaft?	Musik macht nicht satt – und Musik kann keines der gesellschaftlichen, politischen oder ökologischen Probleme lösen, die vor uns liegen.
Sollte man Klavier spielen können?	Klavier spielen bereichert jeden, der es praktiziert, nicht nur, weil es Sensibilität, Intelligenz und Koordination fordert und fördert.

BECHSTEIN

Yehudi Menuhin
Anton Rubinstein
Moriz Rosenthal

Johannes Brahms
Leopold Godowsky

Wilhelm Backhaus

Oben links: Claude Debussy
Oben rechts: Artur Schnabel
Unten: Wilhelm Furtwängler

Leonard Bernstein
Sergei Rachmaninow

Ignacy Paderewski

Wilhelm Kempff
Walter Gieseking

Franz Liszt

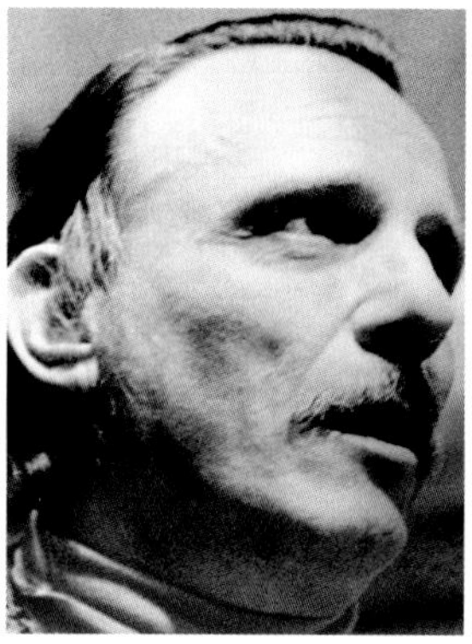

Hans von Bülow
Arturo Benedetti Michelangeli
Béla Bartók

Oben links: Ferruccio Busoni
Oben rechts: Edvard Grieg
Unten: Wilhelm Backhaus

Swjatoslaw Richter

Eugène d'Albert
Jorge Bolet
Arthur Rubinstein

Klavier – Geschichten

Peter Rummenhöller

Das Pionierinstrument

Zur Geschichte des Hammerklaviers und seiner Musik

Der Beethoven-Biograph Paul Bekker hat einmal das Klavier das Pionierinstrument Beethovens genannt. Er meinte damit dessen Verfahren, auf dem Klavier musikalisches Neuland zu erproben, um es dann erst für sein übriges Werk in Besitz zu nehmen. Der Gedanke hat etwas Faszinierendes – nicht nur für Beethoven. Hat nicht das Klavier überhaupt für die Entwicklung der Musik Pioniercharakter? Ist es nicht lange Zeit Vorreiter der Tendenzen der Musikgeschichte gewesen? Lässt sich an ihm nicht gleichsam wie an einem Seismograph die Bewegungskurve musikalischen Fortschreitens ablesen?

Schon früh neigte man in der abendländischen Musik dazu, Musikinstrumente dadurch zu differenzieren, dass man zwischen Musizierende und Instrument eine *Klaviatur* schaltete. Durch Tasten wurden die Instrumente leichter bedienbar. Zugleich kam damit ein Moment des Mechanischen und Rationalen ins Spiel. Es musste viel Scharfsinn investiert werden, etwa in die Entscheidung, welcher Taste man welchen Ton aus dem unendlichen Reservoir aller Töne zuordnete, oder in das Problem, wie eine natürliche Bewegung, das Anzupfen einer Saite mit dem Finger und das Anschlagen mit einem Hämmerchen, in eine sinnvolle Mechanik übersetzt werden konnte. Der Musikgeschichte sind spätestens ab dem 15. Jahrhundert die Zupf- oder Kielklaviere bekannt, das Cembalo (in Flügelform), das Spinett und das Virginal (in Vieleck- bzw. Kastenform). Ihre Anfänge liegen im Dunkeln, d. h. Zeitpunkt ihrer »Erfindung« oder ihre »Erfinder« sind nicht bekannt. Noch Haydn und Mozart, selbst der junge Beethoven waren mit diesem Instrumentarium konfrontiert. Daneben führte ein anderes Saitenklavier ein weniger glänzendes, dafür umso verbreiteteres Dasein: das Clavichord. Das Clavichord – bis ins späte 18. Jahrhundert einfach »Clavier« genannt (im Gegensatz zum Cembalo, dem »Flügel«) – teilt auf Tastendruck die Saite an einer bestimmten Stelle durch eine »Tangente« ab und bringt sie dadurch zum Klingen. Die Größe der Instrumente variierte stark: vom kleinen Kästchen, das man auf den Tisch stellte und auf die Reise mitnahm, bis zum großen Instrument von erheblicher Breite. Die Tonerzeugung des Clavichords, das im Vergleich zum Cembalo recht leise war, erlaubte dem Spieler dagegen eine Beeinflussung des Tones nach dem Anschlag, eine Art Vibrato, und in engen Grenzen auch der Lautstärke, die bei den Kielinstrumenten nicht möglich war.

Es war aufgrund dieser Eigenschaften das ideale Instrument für den Komponisten und für den Unterricht im kantablen Spiel, und zuletzt noch im späten 18. Jahrhundert war es das Instrument der *Empfindsamkeit* (Werthers »Lotte am Clavier«). Beide Instrumententypen waren in ihrer Art ausgereifte Mittler der musikalischen Ideen bis weit ins 18. Jahrhundert hinein: das Cembalo mit seinem repräsentativen Klang, universal auch als Generalbassinstrument, seine häuslicheren Formen Spinett und Virginal, und das »Mädchen für alles«, das Clavichord.

Bislang hatte die Musikgeschichtsschreibung das magische Datum 1709 angenommen, wir wissen aber heute, dass es einige Jahre früher war. Die Rede ist von einer genialen Erfindung, wie sie in solcher anfänglicher Vollendung und zukünftiger Tragweite in der Kulturgeschichte eher selten ist. Der Paduaner Instrumentenbauer Bartolomeo Cristofori (1655–1732) erfand eine Mechanik, mit der man die Saiten eines Flügels nicht mit bekielten Springern anriss, sondern mit Hämmerchen anschlagen konnte. Dies erlaubte ein Spiel mit dynamischer Abstufung (laut/leise, auch crescendo/decrescendo), mit ausdrucksvollerer Tongebung als beim »gezupften« Cembalo und mit vollerer Tonstärke als beim Clavichord. Die Hammermechanik stellte ihren Erfinder vor einige Probleme, die er mit großem Scharfsinn löste, vor allem die Mechanisierung der Hammerbewegung (»Auslösung«) und die Bereitschaft des Hammers, den Anschlag zu wiederholen (»Repetition«), betreffend. Das neue Instrument erhielt alsbald eine Fülle von Namen, von denen sich *Fortepiano*, *Pianoforte* (nach der dynamischen Anschlagsmöglichkeit) oder *Hammerflügel*, *Hammerklavier* (nach der Tonerzeugung) durchsetzten. Das kastenförmige Hammerklavier hieß auch *Tafelklavier*. Alle drei Klaviertypen, Cembalo, Clavichord und Hammerklavier, bestanden im 18. Jahrhundert eine ganze Zeit lang gleichberechtigt nebeneinander, ehe sich das Hammerklavier endgültig durchsetzte – nach heutiger Kenntnis früher und rascher, als man das noch vor wenigen Jahren annahm. Schon Johann Sebastian Bach kannte und

Am Klavier: Wolfgang Amadeus Mozart und seine Schwester »Nannerl«; mit der Geige: Vater Leopold. Lithographie nach einem Gemälde von Johann Nepomuk Della Croce, 1781

benutzte die Instrumente seines berühmten Orgel- und Klavierbauerfreundes Silbermann. Bei seinem legendären Besuch 1747 in Potsdam bei Friedrich dem Großen spielte Bach dem König ausschließlich auf Silbermann-Klavieren vor. Selbstverständlich dürfen wir uns weder unter einem Hammerflügel der Mozart-Zeit noch unter denen Beethovens den Typus des modernen Konzertflügels, etwa Bechstein'scher Art vorstellen. Sein Ton war wesentlich kleiner, aber auch schlanker, distinkter, deutlicher als der heutige Klavierklang. Jede Epoche hat sich in gegenseitiger Entwicklung zwischen Komponist, Spieler und Musik das Instrument geschaffen, dessen sie bedurfte.

Obwohl auch am Ende des 18. Jahrhunderts das Cembalo seine Herrschaft noch nicht ganz abgegeben hatte, können wir voraussetzen, dass das Hammerklavier im Umkreis der so genannten Wiener Klassik, also Haydns, Mozarts und des jungen Beethovens seinen Siegeszug antrat. Die Behauptung dürfte demnach nicht übertrieben sein, dass die Klaviermusik, wie wir sie heute kennen, mit diesem Instrument begonnen hat. Die große Geschichte der Tasteninstrumenten-Musik des Barock bis hin zum universalen Klavierwerk Johann Sebastian Bachs ist mit dem Cembalo (und dem Clavichord) verbunden. Die Bach-Renaissance des 19. Jahrhunderts hat sich sein Klavierwerk über das Hammerklavier erobert und erst Ende des 19., Anfang des 20. Jahrhunderts kam durch die historische Aufführungspraxis wieder das Cembalo ins Spiel.

Die große Klaviermusik Haydns und Mozarts ist nicht vom Himmel gefallen. Auch sie hatten ihre Vorbilder; vor allem zwei sind hier zu nennen, die beide den Namen Bach tragen. Es sind die Söhne des großen Thomaskantors: Carl Philipp Emanuel (1714–1788) und Johann Christian (1735–1782). Wenn man in der zweiten Hälfte des 18. Jahrhunderts »Bach« sagte, meinte man Carl Philipp Emanuel (und nicht seinen Vater). Sein »Versuch über die wahre Art das Clavier zu spielen« von 1753/1762 – nicht nur Klavierschule, sondern auch Musikästhetik, Aufführungspraxis, Vortrags- und Verzierungslehre in einem – war von einem kaum zu überschätzenden Einfluss auf die Komponisten der Wiener Klassik. Haydn bekannte sich zu Philipp Emanuel als seinem einzigen Lehrer (er kannte ihn nur aus seinem »Versuch« und aus seinen Werken), und Mozart soll gesagt haben: »Er ist der Vater, wir sind die Buben, wer von uns was Rechtes kann, hat von ihm gelernt.« Noch Beethoven unterrichtete seinen jungen Klavierschüler Carl Czerny nach diesem Buch. Carl Philipp Emanuels »Clavier« war vor allem das Clavichord, das expressive Instrument der neuen bürgerlichen Empfindsamkeit, doch schätzte er daneben auch schon das Hammerklavier hoch; er schrieb ein Doppelkonzert für Cembalo und Hammerklavier, in dem gleichsam die alte Zeit mit der neuen konzertiert. In seinen zahlreichen Sonaten, Fantasien und Rondos schuf er einen neuen Stil (das »redende Prinzip«), der für die Wiener Klassik prägend werden sollte. Der andere Bach-Sohn war der jüngste des Thomaskantors, Johann Christian, nach seinen Wirkungsstätten der »Mailänder« oder »Londoner Bach« genannt. Johann Christians Klavierwerke (vor allem Sonaten) hatten sich ganz dem neuen Hammerflügel verschrieben. Die Begegnung des damals berühmtesten Londoner Klavierspielers mit dem Wunderkind Mozart war für Mozart, der an jenem mit großer Liebe hing, für sein ganzes Leben prägend. Wer Johann Christian Bachs Sonaten kennt, hört in Mozarts Klavierwerken noch viel Christian-Bachisches heraus.

Joseph Haydn beherrschte alle Musikinstrumente seiner Zeit, verstand sich jedoch nicht als Virtuose. So ist sein umfangreiches Klavierwerk (Sonaten, Variationen, Klavierkonzert) eher eine große, experimentelle Werkstatt zur Formung der für die Klassik dann typischen Dramaturgik – der Sinfonie und des Streichquartetts – zu verstehen. Es ist erfreulich, dass man heute im Konzertsaal auch die etwas unbekannteren Stücke seines großen Sonatenwerks hören kann. Gegenüber seinem väterlichen Freund Haydn war Mozart, ungeachtet dass er sich selbst vor allem als Opernkomponist verstand, ein ausgesprochener Klaviervirtuose, und ergo war sein alle damaligen Gattungen umfassendes Klavierwerk (Sonaten, Fantasien, Rondos, Variationen, Klavierkonzerte, Klavierkammermusik) hauptsächlich auf seinen eigenen öffentlichen Gebrauch zugeschnitten. Vor allem in den auffallend zahlreichen Klavierkonzerten ist Mozart, was die Form sowohl als auch die Behandlung des Instruments betrifft, ganz Avantgarde. Mozart widmete dem Klavierbau höchstes Interesse, vor allem der Verbesserung des Hammerflügels seiner Zeit. Was wir in den Briefen Mozarts an seinen Vater aus dessen Heimatstadt Augsburg lesen, wo der berühmte Klavierbauer Stein tätig war (er zog später nach Wien, man spricht von »Wiener Mechanik«), zeigt uns Mozart als intimen Kenner und Anreger des Hammerklavierbaus und seiner neuen Möglichkeiten. Die Klaviere der damaligen Zeit besaßen zur Aufhebung der Dämpfung zumeist noch keine Pedale, sondern Registerzüge oder Hebel, die mit dem Knie bedient wurden. Es ist für die Musikwissenschaft noch heute eine reizvolle Aufgabe zu erforschen, in welcher Weise Mozart solche Möglichkeiten in seinem Klavierwerk in Betracht zog (im heutigen Klavierunterricht ist der Pedalgebrauch in Klavierwerken Mozarts in aller Regel »verboten«). Mozarts Klavierspiel und sein Klavierwerk, das es unter aufführungspraktischen Gesichtspunkten noch immer neu zu entdecken gilt, dürfte die letzte und reifste Ausprägung des Klavierspiels der Wiener klassischen Periode sein, ehe Beethoven dann mit einer grundsätzlich anderen Klavierästhetik neue Bahnen zog.

Wir erwähnten eingangs Beethovens Einstellung zum Klavier als »Pionierinstrument«. Und in der Tat beginnt mit Beethoven die neuere Geschichte der Klaviermusik. Der große Pianist und Dirigent Hans von Bülow nannte einmal Bachs »Wohltemperiertes Klavier« das Alte und Beethovens 32 Klaviersonaten das Neue Testament des Klavierspiels. Als der junge Beethoven 1792 als Schüler des Altmeisters Haydn nach Wien kam, machte er zunächst als Klavierspieler Furore. Den Konzertpianisten im heutigen Sinne, der stets ein mehr oder weniger bekanntes Repertoire nichteigener Werke wiedergibt (»interpretiert«), kannte die damalige Zeit noch lange nicht. Der Ruf eines tüchtigen Klavierspielers gründete sich vielmehr vor allem auf virtuosem und originellem Stegreifspiel (»phantasieren«), etwa über Themen auf Zuruf, um nicht den Eindruck des Präparierten zu erwecken, und dann erst im Vorführen eigener, aber stets neuer (»originaler«) Werke. Nach dem Urteil von Zeitzeugen muss das Spiel des jungen Beethoven neben seiner technischen Versiertheit von bestürzender Ausdruckskraft und Intensität gewesen sein. Mit dem großen singenden Ton und dem schweren Legato, das dieses Spiel forderte, konnten die Mozart-Flügel mit der zarten, flexiblen »Wiener Mechanik« auf die Dauer nicht mehr mithalten. Das »starke Spiel« verlangte auch stärkere Instrumente, wie sie vor allem aus England in Mode kamen.

Es lag nicht nur am persönlichen Schicksal von Beethovens zunehmender Schwerhörigkeit, dass sich der Ausführende allmählich vom Komponisten trennte. Es war ein Trend der Zeit, dass sich das Komponieren loslöste vom »Interpretieren«. Beethoven, der bis in seine letzte Taubheit hinein doch immer am Klavier komponierte, überließ die Ausführung in zunehmendem Maße seinen Vertrauten und Schülern, vor allem Carl Czerny (1791–1857), der zu einer Art Statthalter Beethovens auf dem Klavier wurde. In seinen Etüdenwerken und Klavierschulen beschrieb Czerny die Technik, die zur klanglichen Verwirklichung der Beethoven'schen Klavierwerke, der Sonaten, Variationszyklen und Klavierkonzerte nötig war. In seinen Lehrschriften überlieferte er wertvolle Hinweise zur Interpretation Beethovens, die heute durchaus besser beherzigt werden sollten. Czernys größter Schüler – davon soll weiter unten noch die Rede sein – war Franz Liszt, der damit aus der Beethoventradition heraus das Klavierspiel weiterentwickelte. Beethovens Sonaten- und Variationsschaffen knüpfte zunächst bei Haydn und Mozart an, jedoch stets mit der ihm eigenen Handschrift. Dann aber markiert ein später überlieferter Ausspruch Beethovens eine schöpferische Wende: Er sei unzufrieden mit dem bisher Geschaffenen, und er wolle einen ganz neuen Weg einschlagen. Die Beethoven-Forschung hat um diesen Ausspruch viel gerätselt, etwa, welche Werke dieses Neue betreffen solle. Geht man wieder von Beethovens Pionierinstrument, dem Klavier aus, so sind es zweifellos die Sonaten etwa ab der so genannten »Mondschein« op. 27 (»Sonata quasi una Fantasia«), die das Wiener klassische Sonatenschema völlig revolutionieren. Ein Weiteres ist in Beethovens Klavierwerk neu: Er setzt die *spezifische Klangfarbe* des Klaviers frei. Bisher war das Klavier mehr eine Art Universalinstrument der Musik. Aufgrund seines großen Tonumfangs und seiner vielfältigen Verwendbarkeit als Darstellungsinstrument des Orchesters (»Klavierauszug«), Begleitinstrument (Liedbegleitung, Generalbassinstrument) und Kammermusikpartner ist es in der Farbenwelt der Blas- und Streichinstrumente eher das universale Schwarz-Weiß- Instrument gewesen. Erst Beethoven gelingt es (nicht zuletzt durch die Fortschritte im Klavierbau), dem Klavier auch ein Spezifisches an Farbe zu entlocken: Man denke an die flimmernden Trillerketten, das gleichzeitige Auseinander von hoher und tiefer Lage im Spätwerk, an den berückend vollen vierstimmigen »Quartett«-Satz in den langsamen Sätzen u.v.a.m. Von hier aus können Schubert und die Klavierromantik mit einem neuen Klavierklang beginnen.

Beethovens Klavierkosmos ist nahezu unerschöpflich. Er hat die Sonate auf ein neues, sinfonisches Niveau gehoben (in Thomas Manns Roman »Doktor Faustus« wird die letzte Sonate op. 111 als Paradigma eines Spätwerks gefeiert), er hat das Klavierkonzert ins Grandiose gesteigert und hat der in der Wiener Klassik eher unverbindlich-gesellschaftlichen Variationsreihe einen verbindlichen zyklischen Rahmen gegeben (»Eroica-Variationen« op. 35), ja in den späten Diabelli-Variationen op. 120 noch einmal den gesamten Kosmos seines Instruments bis an dessen existenzielle Grenzen ausgeschritten. Nach all dem sollte es sich zeigen, dass die Klavierkomposition für die Generation *nach* Beethoven zum ernsthaften Problem wurde.

Der glühende Beethoven-Verehrer Schubert war wohl der Erste, dem das Problem bewusst war. Seine Klage, was man »nach Beethoven noch machen« könne, bezog sich vor allem auf die sinfonische Formung. Franz Schubert eiferte Beethoven darin in seinen Klaviersonaten nach, die seinen Zeitgenossen als Beispiele einer nicht gelungenen Anpassung erschienen. Sie erkannten nicht (und vielleicht auch Schubert selbst nicht), dass seine Stärke anderswo lag, nämlich auf dem Gebiet des Klanges und einem – gegenüber Beethovens heroischem Gestaltungswillen – strömenden Gewährenlassen der Musik.

Was Robert Schumann zur großen C-Dur-Sinfonie von Schubert schreibt – »Diese himmlische Länge ... wie ein dicker Roman in vier Bänden etwa von Jean Paul, der auch niemals endigen kann« – es gilt auch für die Klaviersonaten Schuberts, zumal die letzten, die eigentlich erst im 20. Jahrhundert entdeckt wurden. Wir erinnern hier an die unvergessenen Interpretationen Eduard Erdmanns.

Das »Viergestirn«, die um 1810 geborenen »eigentlichen« Romantiker Felix Mendelssohn Bartholdy (*1809), Robert Schumann (*1810), Frédéric Chopin (*1810) und Franz Liszt (*1811). Man kannte sich persönlich, man liebte oder schätzte sich (mehr oder weniger). Alle vier hatten ein sehr unterschiedliches, sehr spezielles Verhältnis zum Klavier. Mendelssohn stand als universaler Komponist der Klassik am nächsten (Robert Schumann nannte ihn den »Mozart des 19. Jahrhunderts«). Er pflegte exemplarisch alle Gattungen der Zeit und räumte – selbst ein glänzender Klavierspieler, wie übrigens auch Organist – selbstverständlich dem Klavier den gebührenden Platz ein. Prägend und zeittypisch wurden seine »Lieder ohne Worte«, eine Gattung, die er mit seiner Schwester Fanny erfunden hatte. Solitär unter der Klaviermusik der Romantik sind die »Variations sérieuses«. Mendelssohns elegante Virtuosität eignet niemals das Überschießende der Nur-Virtuosen seiner Zeit.

Sein Freund Robert Schumann beginnt seine schöpferische Tätigkeit – er kann sich lange nicht für eine einzige Profession entscheiden – zunächst ausschließlich am Klavier. Seine berühmten Klavierwerke: »Carnaval«, »Kreisleriana«, »Kinderszenen«,

»Am Flügel«. Gemälde von Georg Friedrich Kersting

»Ein Schubertabend bei Joseph von Spaun«. *Sepiazeichnung von Moritz von Schwind, 1868*

»Fantasiestücke«, »Fantasie«, um nur einige zu nennen, entstammen den ersten 23 opera, die allein dem Klavier gewidmet sind. Erst dann, nach seinem »Liederjahr« 1840, wird Schumann, wohl unter dem verehrten Vorbild Mendelssohns, zum universalen Komponisten. Der Titel des letzten Stücks der »Kinderszenen«, »Der Dichter spricht«, könnte als Motto über Schumanns Klavierwerk stehen. Seine Musik von großer Virtuosität (*Toccata*!) und satztechnischer Schwierigkeit steht doch immer beeindruckend im Zeichen romantischer Poesie, Schumann ist der – wohl verstanden – literarischste Komponist des Klaviers. Eine Karriere als Virtuose hatte er aber gar nicht erst angetreten. Schumann war einer der wenigen Komponisten seiner Generation, der auf Interpretation anderer angewiesen war. Seine ideale Interpretin wurde bekanntlich seine Frau Clara.

1834 entdeckt Schumann mit seinem Aufsatz »Ein Werk 2«, der mit der Fanfare beginnt »Hut ab, ihr Herren, ein Genie«, den gleichaltrigen Frédéric Chopin für die musikalische Welt. Bei aller äußerlichen Verwandtschaft ist Chopins Klavierschaffen doch vom Schumann'schen sehr verschieden. Chopin geht als Klaviervirtuose ganz vom Instrument aus, seine Welt ist die Klavierbrillanz, die er jedoch – und darin ist er Schumann wiederum verwandt – poetisiert. Chopin macht das Mechanische, das aller Klaviervirtuosität anhaftet, vergessen, indem er sie verzaubert. Seine Etüden, Balladen, Scherzi, Sonaten, Mazurken, Walzer haben kein »Programm«, ihr »Gegenstand« ist der farbig entfaltete Klavierklang, der aus einer anderen Sphäre zu kommen scheint.

Denn inzwischen kann man unter »Klavier« den Flügel verstehen, der sich unserer modernen Vorstellung davon zumindest annähert. Den englischen Instrumenten (Broadwood) traten nun auch die französischen (Erard, Pleyel) zur Seite mit spezifischen Eigenschaften und Farben. Auch die Stabilität der Instrumente ist gefordert, besonders wenn wir uns dem Viertem im Bund, Franz Liszt, zuwenden.

Franz Liszt ist der Angelpunkt des modernen Klavierspiels überhaupt. Sein Einfluss in die Pianistik reicht bis heute hinein, und sein Klaviersatz ist nicht mehr übertroffen worden, sondern allenfalls kommentiert und ergänzt von zwei Tendenzen, der französischen und der russischen, die es noch zu kennzeichnen gilt. Liszts Ruhm als Virtuose, als Komponist und künstlerische Instanz war ungeheuer und heute fast unvorstellbar. Sein Einfluss galt selbstverständlich auch dem Klavierbau. Selbst die stabileren Flügel seiner Zeit waren seiner brillanten Attacke kaum gewachsen. Man sagt, er habe bisweilen pro Soiree zwei Flügel ruiniert. Es ist dabei zu bedenken, dass mit Liszt das Klavierspiel aus dem intimen häuslichen und dem halb öffentlichen Kreis der Salons heraustrat in die Arena großer Säle und des großen Publikums. Diese Öffentlichkeit verlangte andere Instrumente als etwa noch die der Beethovenzeit. Die Erfindung des Gusseisenrahmens wurde gemacht, der dem Flügel eine ganz andere Stabilität, Klangfülle und Widerstandsfähigkeit ermöglichte.

Das immense Lebenswerk des Virtuosen, Interpreten und Komponisten Franz Liszt lässt sich unter dem Gesichtswinkel der Klaviervirtuosität seinen Intentionen und deren Differenzierungen grob in drei Phasen zerlegen: die erste des Czerny-Schülers Liszt, die zweite unter dem Einfluss Niccolò Paganinis und die dritte, die deutlich orchestrale Züge trägt.

Das Wunderkind Franz Liszt war von 1821 bis 1823 Schüler Carl Czernys (1791–1857) und damit ein Enkelschüler Beethovens. Liszt legte bis ins Alter Wert auf die Legende vom Weihekuss Beethovens,

Franz Liszt im Kreis von Marie d'Agoult, Alexandre Dumas d. Ä., George Sand, Victor Hugo, Niccolò Paganini und Gioacchino Rossini. Ölgemälde von Joseph Danhauser, 1840

Clara und Robert Schumann während ihrer Düsseldorfer Zeit, um 1850

den er als Kind erhalten hatte (es gibt keinen Grund, daran zu zweifeln), und versicherte seinem Lehrer Czerny – auch öffentlich – stets höchste Verehrung. Beides, Beethoven-Weihe und Czerny-Schülerschaft, sind wesentlich für die Betrachtung der Liszt'schen Klaviervirtuosität. Czernys Ideal war die Egalité, die möglichste Gleichmäßigkeit des Spiels. Dadurch entstand ein neues Ideal: die *Geläufigkeit* (ein Begriff, der nicht nur bei Czerny in den Titeln der Etüdenwerke auftaucht), die gelenkige Art, aus allen Positionen heraus und allen Figurationen rasch und perlend zu spielen. 1826 ließ der junge Liszt die »Etude en douze exercises« erscheinen, die ein erstaunlich ausgereiftes Ideal der Czerny'schen Geläufigkeit darstellen.

1831 hörte Franz Liszt in Paris Niccolò Paganini und war so beeindruckt, dass er sich schwor, ein Paganini auf dem Klavier zu werden. Diesen Schwur hat er nicht nur eingelöst, er hat Paganini sogar übertroffen. Bei der Frage nach dem inneren Impetus, den Liszt durch Paganini zum Aufbruch zu einer neuen Klavierbehandlung über Czerny hinaus führte, sei die Spekulation erlaubt: Offenbar sah Liszt einen Fortschritt auf dem Klavier *durch das Klavier* nicht mehr gewährleistet, d. h., er hatte das Ende der Möglichkeiten der pianistischen Geläufigkeit vor Augen. Durch das dem Klavier so gänzlich fremde Instrument, die Geige, wurde in ihm ein neuer kreativer Schub ausgelöst, nicht zuletzt durch die Herausforderung, die so ungleichen Schwierigkeiten beider Instrumente kompatibel zu machen. Die Leistung Liszts bestand darin, eine Satztechnik zu erfinden, die violinistische Bravour ins Pianistische übersetzte. 1838 stellte er den ersten Versuch der Paganini-Adaption vor, die »Études d'execution trancendente d'après Paganini«. Inspiriert von Paganinis Musik befand sich Liszt in der eigentlich virtuosen Phase seines Klavierstils.

1847 gab Liszt seine Karriere als Reisevirtuose auf und nahm eine Stelle als Hofkapellmeister in Weimar an, um sich ganz der Komposition, der Orchesterkomposition zu widmen. Dabei erfand er eine neue Gattung, die *Sinfonische Dichtung*, Kompositionen, die zwischen Programm-Musik und Sinfonie oszillierten. Diese Gattung übertrug er auch aufs Klavier. Die Überarbeitung der Etüden von 1826 in verschiedenen Versionen erhielten nun programmatische Titel, wie z. B. »Mazeppa«, »Wilde Jagd«, »Feux follets«, »Chasse-neige« etc. Liszt erprobte einen Klavierstil, dessen Vorbild das Orchester war, und zwar das Orchester seines Freundes und Schwiegersohnes Richard Wagner. Dieser Stil ist gekennzeichnet durch die Eroberung auch der tiefsten Lage des Klaviers, das Verlegen der Hauptstimmen in die klanggünstige

Mittellage, die Ausnutzung der gesamten, inzwischen auf sieben Oktaven angewachsenen Klaviatur und deren gleichzeitiges Zum-klingen-Bringen, eine geballte Akkordik und den Einsatz vieler Tremolovarianten. Vor allem Liszts bedeutendste Klavierkomposition, seine h-Moll-Sonate, gehört dieser dritten Phase der *sinfonischen Dichtung* an.

Wie dereinst Beethoven hatte Liszt das Klavier auf einen neuen musikgeschichtlichen Höhepunkt geführt, der kaum zu überbieten war. Durch ihn wurde das Klavier zu *dem* Instrument des 19. Jahrhunderts mit allen Licht- und Schattenseiten: Die Salonmusik erblühte (»Gebet einer Jungfrau«), die Klavier spielende »höhere Tochter« stand für den hohen Sozialstatus des Instruments; die – zumal vierhändigen – Bearbeitungen klassischer Werke (Sinfonien, Ouvertüren, Salonstücke), die »erleichterten« Ausgaben virtuoser Stücke und zahlreiche Bearbeitungen und Potpourris über bekannte Opern gaben den Stoff für die Hausmusik ab, die erst im 20. Jahrhundert durch die Schallplatte ersetzt wurde. Es ist kaum übertrieben zu behaupten, dass das Klavier zu einer Art kulturgeschichtlichem Medium des Bildungsbürgertums wurde, als dessen Schutzpatron der heilige Franz gelten könnte.

Für Liszts und Wagners großen Antipoden Johannes Brahms war das Klavier ebenso Ausgangspunkt des Komponierens; der junge Brahms betätigte sich sogar als reisender Pianist, allerdings in einem ganz anderen Sinne, als Liszt es tat. Er spielte schwierige Programme mit Werken seines Gönners Schumann etwa, dann Bach und Beethoven, aber auch Kammermusik, z. B. mit seinem Freund Joseph Joachim, weniger jedoch eigene Werke. Erst in seinen Klavierkonzerten war er der eigene Solist. Brahms' Verhältnis zum Klavier ähnelte dem seines vergötterten Vorbilds Beethoven: Es war ihm Pionierinstrument. Seine Sinfonien und großen Orchesterwerke, auch den Orchesterpart der Klavierkonzerte schrieb er zunächst für das Klavier, die großen Werke dann meist für zwei Klaviere (bei den Haydn-Variationen gab er beide Fassungen, für Orchester *und* zwei Klaviere, heraus). Sein Klavierschaffen selbst begann mit großen Sonaten im Sinne des späten Beethovens und Schuberts, dann wandte es sich dem Variationszyklus und kleineren Formen zu wie den populären Walzern und Ungarischen Tänzen, die ein eminenter Öffentlichkeitserfolg wurden. Nach den beiden Klavierkonzerten, die eigentlich mehr dem sinfonischen Schaffen zuzuordnen sind, folgte dann das introvertierte Spätwerk: lauter Charakterstücke, die vom späten Beethoven beeinflusst sind. Brahms' Klaviersatz ist intrikat und großräumig, aber nur bedingt virtuos im Sinne Liszts. Es scheint, dass Brahms auch darin Beethoven folgte, dass er die Klavierklangfarbe *strukturell* einsetzte, zur Verdeutlichung der Intention und nicht als Selbstzweck.

Debussy soll überrascht gewesen sein, als er Liszts »Jeux d'eaux à la villa d'Este« hörte, ob der Nähe zu seinen eigenen »impressionistischen« Intentionen. Auch der Schnee als Symbol verbindet beide: In Liszts »Chasse-neige« (Nr. 12 aus den »Etudes d'exécution transcendante«) hört man zweifellos die Vorgängerschaft zu Debussys »The snow is dancing« (aus »Children's corner«) und »Des pas sur la neige« (aus den »Préludes I«). Die Wassermetaphorik ist es denn auch zunächst, die der Klaviertechnik *durch* Liszt und *nach* Liszt einen neuen Schub gibt. Claude Debussy (1862–1918) und Maurice Ravel (1875–1937) beginnen ihre »impressionistische« Phase mit den Klavierstücken »Jeux d'eau« (Ravel 1901) und »Reflets dans l`eau« (Debussy 1905). Aber auch ganz »unimpressionistische« Motive wie etwa das Rekurrieren auf die französische Cembaloklassik (Couperin, Rameau) bringen bei Debussy wie bei Ravel neue Aspekte der Klaviermusik hervor: das Motorische, das den Neoklassizismus vorwegnimmt. Das bedingt eine bereits in Ansätzen bei Liszt vorgeformte, doch nun entfaltete neue Nutzung des Klavierklangs: das Ineinander beider Hände in der höheren und der Mittellage, das »Flimmern« des Klangs, die aufrauschende Bewegung, gekoppelt mit einer dem Klavierklang entgegenkommenden Harmonik, z. B. mit dem übermäßigen Dreiklang, der Ganztonleiter und den erweiterten Terzenschichtungen (Nonakkorde etc.). Die technischen Anforderungen an den Pianisten, auch an eine delikate Anschlagskunst (unvergessen: Walter Gieseking), sind nochmals gegenüber Liszt gesteigert, man denke an Debussys »Etudes« oder Ravels »Gaspard de la nuit«.

Dass man Sergei Rachmaninow (1873–1943) einer nationalen »russischen Schule« zuordnet, liegt wohl auf der Hand: Zu deutlich ist die musikalische Abkunft von Tschaikowsky und dem nationalrussischen Zusammenhang. Dennoch wird diese Kennzeichnung Rachmaninow, der noch einmal eine späte Variante der Personalunion von Komponist und Virtuose darstellt, nicht gerecht. Rachmaninow ist vielmehr der Vater des modernen internationalen Klavierspiels, und sein Einfluss auf das Musikleben der USA, wo er seit seiner Emigration aus dem revolutionären Russland wirkte und lebte, ist kaum zu überschätzen. Rachmaninow (als Pianist Schüler des Liszt-Schülers Alexander Siloti) verlängerte die Tradition Liszt – Chopin – Tschaikowsky – Grieg gleichsam in die Moderne. In seinen Klavierkonzerten und Solostücken kreierte er einen Klavierstil, der dem modernen kulturindustriellen Zeitalter entsprach. Der Sprache nach spätromantisch-slawisch, hat der Gestus seiner Musik etwas ausholend Vereinnahmendes, die es für ein Genre prädestinierte, das es zu ihrer Entstehungszeit noch gar nicht gab: für die Filmmusik. Der virtuos orchestrale, weitmaschige Klavierstil mit der pseudo-kontrapunktischen Innenstimmenbewegung, die bis dahin kaum gekannte klangtürmende Akkordik, die dem Spieler die Eigenschaften eines Leistungssportlers und den Konzerten Säle von Sportveranstaltungsgröße und Flügel im Elefantenmaß abverlangt, hatte etwas Grenzensprengendes. Umso erstaunlicher, wie diszipliniert – aber eben auch modern – Rachmaninows Interpretationen des Klavierrepertoires (Schumann, Chopin) waren. Dass Rachmaninow in Deutschland lange Zeit als Salonkomponist diffamiert wurde, signalisiert eher das provinzielle Niveau der Diffamierenden. Nach seinem späten vierten Klavierkonzert wird kaum jemand leugnen können, dass Rachmaninow zur Musik des 20. Jahrhunderts gehört. Sein Klaviersatz brachte einen neuen Virtuosentypus hervor, zu dessen Ideal der große Wladimir Horowitz wurde.

Wenn wir hier den Kreis unserer Darstellung für ausgeschritten halten, so nicht deshalb, weil das Klavier nicht auch für das 20. Jahrhundert ein Pionierinstrument gewesen wäre. Im Gegenteil: Das war es für die Moderne mehr denn je.* Das Instrument selbst jedoch muss seiner Entwicklung nach als vollendet gelten. Die Komponisten des 20. Jahrhunderts haben ihm, was seine Vollendung betraf, nichts hinzugefügt, wohl aber seinem Klang eine andere neue Physiognomie gegeben. Und dies eben macht die Dialektik des Instruments heute aus: Vollendung und zugleich Offenheit für die Zukunft.

* Der Autor möchte dem Einwand vorbeugen, diese These sei reaktionär. Dafür hat er sich zu häufig dafür eingesetzt, im Klavier auch in der Neuen Musik ein Pionierinstrument, einen Seismographen zu sehen.
Vgl.: Peter Rummenhöller: »Das Klavier als Pionierinstrument der neueren abendländischen Musikgeschichte«. In: »Musik und Bildung«. 6/1969.
Ders.: »Das Klavier als Spiegel der Musikkultur«. In: »Faszination Klavier. 300 Jahre Pianofortebau in Deutschland«. Hrsg. von Konstantin Restle. München: Prestel 2000.
Ders.: »Seismograf der Moderne. Das Klavier im 20. Jahrhundert«. In: »Neue Zeitschrift für Musik« 1/2000.

Bechstein-Flügel im Stil Louis XV. Das untere Modell war vergoldet und mit Malereien versehen

Historische Flügelmodelle von Bechstein aus dem 19. und 20. Jahrhundert

Bechstein ist das für Pianisten, was Stradivarius und Amati für die Geiger.
Hans von Bülow

Die Bechstein'schen Pianos sind tönende Wohltaten für die musikalische Welt.
Richard Wagner

Meine Begeisterung für Bechsteins Erzeugnisse in der Kunst des Pianofortebaus ist von jeher eine zu große gewesen, als dass sie noch gesteigert werden könnte.
Edvard Grieg

Seit 28 Jahren habe ich nun Ihre Instrumente gespielt, und sie haben ihren Vorrang aufrechterhalten.
Franz Liszt an Carl Bechstein

Norbert Ely

Die Geschichte des Hauses Bechstein

Ein Rückblick

Der Patriarch Berlin 1853. Ein 27-jähriger Instrumentenbauer namens Friedrich Wilhelm Carl Bechstein aus Gotha, Neffe des thüringischen Schriftstellers, Märchensammlers und Sagenforschers Ludwig Bechstein, beschließt, das Märchen seines Lebens Realität werden zu lassen. Er gründet seine eigene Werkstatt.

Berlin 1853. Noch sind die Erschütterungen durch die Revolution von 1848 nicht vergessen. Der »Romantiker auf dem Thron«, der Preußenkönig Friedrich Wilhelm IV., hat sein Versprechen, dem Volk eine liberale Verfassung zu geben, gebrochen und ihm stattdessen ein Dreiklassenwahlrecht aufgezwungen. Sein Bruder Wilhelm heißt allenthalben nur der »Kartätschenprinz«. Wilhelm hat beim Sieg der Staatsordnung über die aufbegehrenden Bürger eine wenig rühmliche Rolle gespielt; sein Feldzug gegen die badischen Freiheitskämpfer 1849 endete mit Massenerschießungen. Gescheitert ist inzwischen das Frankfurter Parlament in der Paulskirche, fehlgeschlagen jede Hoffnung auf ein geeintes Deutschland. Die einzelnen deutschen Staaten wursteln vor sich hin wie bisher, ob sie nun Sachsen heißen oder Kurhessen oder Lippe-Detmold. Die Binnenwirtschaft wird durch hohe Zölle erschwert. Tausende machen sich auf den Weg in die Neue Welt, vor allem in die liberalen Vereinigten Staaten. Etliche dürfen sich als politisch Verfolgte ansehen. Die meisten treibt der Hunger über den Atlantik oder zumindest die wirtschaftlich aussichtslose Lage.

Den Komponisten Richard Wagner hat es nach Zürich verschlagen; in Deutschland wird er als Revolutionär steckbrieflich verfolgt. In Paris lebt der Dichter Heinrich Heine in seiner »Matratzengruft« und muss aus der Ferne ansehen, wie Deutschland mehr und mehr zu einem Wintermärchen wird, zu einem Archipel rückständiger Inseln.

Eigentlich eine Zeit zum Verzweifeln. Nicht, dass es an Ideen und Unternehmergeist fehlte. Da gibt es in Essen längst die Eisenwerke von Krupp, und in Berlin hat ein gewisser Borsig eine zunehmend florierende Gießerei aufgebaut. Die neue Zeit kündigt sich an. Die Zeit der Groß- und Schwerindustrie, der Stahlkocher und Lokomotivenbauer. Aber die Hindernisse, die durch den Filz aus alter Aristokratie und wuchernder Bürokratie aufgebaut werden, sind oftmals schier unüberwindlich. Erst unter großen Schwierigkeiten wird Mitte der 1850er Jahre Hannover in den preußisch geführten Zollverein aufgenommen. Von sozialen Reformen ganz zu schweigen. Kinderarbeit ist in Preußen zwar verboten; betroffen von dem Verbot sind allerdings nur Kinder unter neun Jahren – erst 1854 wird das Verbot auf Kinder bis zu zwölf Jahren ausgedehnt. Soziale Fragen interessieren allenfalls am Rande. Und in Berlin dominiert ohnehin das Militärische. Wer nicht »gedient« hat, ist nur ein halber Mensch.

Mit etwas Fantasie kann man sich ein gutes Bild von den Verhältnissen machen, wenn man das Œuvre des Malers Adolph Menzel quasi im Negativ betrachtet. Menzel war ein hellwacher Geist und genauer Beobachter der Zeit. Bis in die beginnenden 1850er Jahre aber malte er vorwiegend Landschaften, Porträts, Genrebilder und viel Friderizianisches: Friedrich II. zu Pferde, mit Flöte, mit dem Maler Antoine Pesne und dergleichen. Zwischendurch auch die Berlin-Potsdamer Bahn (1847) oder zwei Männer, die gerade von ihrem Dreiklassenwahlrecht Gebrauch gemacht haben (»Die Urwähler«). 1854 schuf Menzel übrigens eine hinreißende, charakterisierende Studie des Geigers Joseph Joachim und der Pianistin Clara Schumann bei einem gemeinsamen Duo-Abend. Doch erst in den 1870er Jahren wird Menzel zum Chronisten der Industrialisierung. Auch und gerade das Defizit an Dokumenten, eben das Negativ der Mitteilungen, kann über eine Zeit beredte Auskunft geben. Menzels Studien über Fackelzüge der Studenten lassen sich immerhin als ein verborgenes Memento der Barrikadenkämpfe von 1848 lesen: Berlin in Flammen.

Alles in allem war das Jahr 1853 kein günstiger Moment, um sich ausgerechnet als Instrumentenbauer selbständig zu machen. Die Chroniken verschweigen, wie viele es in diesem Jahr 1853 in Berlin dem jungen, tüchtigen Handwerker Carl Bechstein gleichtaten, sich auf eigene Füße stellten, womöglich in derselben Branche, und nach kurzer Zeit ihre Träume unter einem Berg von Schulden wieder begraben mussten.

Nun war Berlin zweifellos eine Metropole mit einer gewissen Kultur, dennoch längst nicht die Kulturmetropole, die es später einmal werden sollte. Aber hie und da brodelte es sogar. Die Romantiker der

Jugendbildnis Carl Bechsteins

napoleonischen Zeit und der ersten Jahre nach dem Ende Napoleons I. hatten versucht, der Stadt den Charakter eines »Spree-Athen« zu verleihen. Das hinderte eine Institution wie das Königliche Opernhaus jedoch nicht daran, eine höchst rückständige Spielplanpolitik zu betreiben. Und die Konzerte der Hofkapelle waren, wie man den kritischen Anmerkungen eines gewissen Hans von Bülow entnehmen kann, jammervolle Dokumentationen eines fantasielosen Hofmusikbeamtentums. Aber so ganz zum Erliegen war der spree-athenische Fortschrittsgeist nie gekommen.

Man hatte auch teil am europäischen Zirkus der reisenden Virtuosen. Überhaupt liebte man in Berliner bürgerlichen Kreisen die »Musike« als kytherisches Eiland inmitten unerfreulicher politischer Stürme. Und man schätzte nicht zuletzt jenes halbautomatische Möbel, das eine durchaus unkomplizierte Art der Tonerzeugung ermöglichte und das von Jahr zu Jahr immer mehr vervollkommnet wurde: das Pianoforte.

Carl Bechstein war im Revolutionsjahr 1848, nach anderen Quellen bereits 1846, nach Berlin gekommen und hatte eine Anstellung bei G. Perau am Hausvogteiplatz gefunden. Perau war neben Kisting eine ganz feine Adresse und galt als ein ebenso solider wie konservativer Klavierbauer; beileibe kein Avantgardist und Tüftler wie etwa Theodor Stöcker, dessen oberschlägiger Flügel mit hochklappbarer Tastatur noch heute Bewunderung hervorrufen kann.

Perau nun machte den jungen Bechstein schon im Herbst 1848 zum Werkstattleiter. Lange hat es diesen freilich nicht gehalten. Vermutlich in der zweiten Hälfte des Jahres 1849 ging Bechstein von Berlin aus nach London, um sich umzusehen, und dann nach Paris, wo er bei dem dortigen Pendant zu Stöcker lernte, dem genialen Johann Heinrich (Henri) Pape aus Sarstedt, sowie bei dem äußerst erfolgreichen Elsässer Jean Georges Kriegelstein. Bei Letzterem studierte er nicht zuletzt zeitgemäße Unternehmenspolitik und moderne Geschäftspraktiken, und dies dürfte ein notwendiges Korrektiv zu den Erfahrungen mit dem erfindungsbesessenen Pape und dessen 120 Patenten gebildet haben.

Kriegelstein produzierte marktgerecht und machte ein Vermögen mit einem sensationell Raum sparenden Kleinklavier von etwa 130 Zentimetern Höhe, das er 1842 herausgebracht hatte. Es war gleichwohl berühmt für seine Tonfülle und das Ebenmaß seiner Register, stellte mithin eine solide Anschaffung dar und wurde entsprechend professionell vermarktet.

Paris war natürlich auch die Stadt des Sébastien Érard, jenes legendären Klavierfabrikanten, der neben vielem anderen die Urform der modernen Repetitionsmechanik ersonnen hatte. Als Bechstein noch bei Perau in Berlin arbeitete, war allgemein bekannt, dass Franz Liszt den Érard'schen Flügeln vor allen anderen den Vorzug gab. Ob nun der junge Carl Bechstein in Paris in die Nähe von Pierre Érard gekommen war, der 1855 gestorben war, darüber schweigt die Chronik. Über die Bedeutung des Unternehmens wie des Unternehmers war er sich mit Gewissheit im Klaren. Pierre Érard hatte nach dem Tod seines Onkels Sébastien nicht nur die Pariser und die Londoner Klavierfabrik konsolidiert, sondern das Gesamtunternehmen so weit vorangetrieben, dass die Jahresproduktion in den 1850er Jahren rund 2500 Instrumente betrug. Die »Salle Érard« ging als einer der bevorzugten Konzertsäle von Paris in die Musikgeschichte ein. Das Familienschloss »La Muette« war ein gesellschaftlicher Mittelpunkt ersten Ranges. Dass Carl Bechstein möglicherweise in Paris den Entschluss fasste, es Érard gleichzutun, darüber kann man nur spekulieren. Gewiss ist immerhin, dass Bechstein in den folgenden Jahrzehnten den großen Namen Érard in seiner führenden Position auf dem europäischen Kontinent beerben sollte.

Wir wissen wenig über diesen Carl Bechstein. Er scheint ein Mann gewesen zu sein, dem jeder Kult um die eigene Person fremd war: keine Tagebücher aus jungen Jahren; keine »Erinnerungen« im Alter. Überhaupt wenig Interesse an der eigenen Person. Anderseits zeigen frühe Bilder auch einen äußerst selbstbewussten Mann, eine groß gewachsene und auffallende Erscheinung. Als Berliner Jungunternehmer präsentiert er sich neben seinem Klavier in romantisch langem Mantel über den breiten Schultern. Ein solcher Kerl dürfte in den Pariser Salons kaum unbeachtet geblieben sein.

1852 geht er wieder nach Berlin und wird diesmal Geschäftsführer bei Perau. 1853 wechselt er noch einmal nach Paris, wird Chef bei Kriegelstein, bleibt indes nicht lange, sondern kehrt nach Berlin und zu Perau zurück. Ein möglicher Grund für die Rückkehr nach Berlin mag eine gewisse Louise Döring aus Strausberg gewesen sein, die er 1856 heiratet.

Perau hatte in der Behrenstraße 56 ein Magazin. Und dort, ein Stockwerk höher, gründete Bechstein im Nebenberuf nun sein eigenes Unternehmen. Am 1. Oktober 1853 war er nicht mehr nur Peraus rechte Hand, sondern zugleich sein eigener Herr. Vielleicht war Peraus Erlaubnis, parallel eine neue Werkstatt aufzubauen, von vorneherein ein weiterer Grund für Berlin gewesen. Wahrscheinlicher ist jedoch, dass Perau sich gegen die neuen Ideen sträubte, die Bechstein aus Paris mitbrachte, dass er sich womöglich weigerte, ein neumodisches Piano unter dem Namen »Perau« herausbringen zu lassen, sodass Bechstein auf eigene Faust versuchte, ein modernes Pianoforte für eine moderne Musik zu bauen. Die Gründung sieht beinahe nach einem Gentleman's Agreement aus. So offenkundig Bechstein seine ersten Instrumente als »Bechstein« vorstellte, so wenig ist gesichert, dass er damals wirklich im handelsrechtlichen Sinn eine eigene Firma betrieb. In späteren Dokumenten wird 1856 als das Jahr der Unternehmensgründung angegeben.

Die Behrenstraße verläuft übrigens parallel zur Straße Unter den Linden und kreuzt die Charlotten- und die Friedrichstraße. An der Behrenstraße wurde später zum Beispiel das Metropoltheater gebaut, das 1946 zur heutigen Komischen Oper wurde. Bechstein saß mit seiner Werkstatt also strategisch günstig im neueren Teil Berlins zwischen Oper und Brandenburger Tor, ziemlich nahe an dem Platz, der nach dem »Régiment gens d'armes« den Namen Gendarmenmarkt erhalten hatte und wo E. T. A. Hoffmann mehr als einmal bei Lutter & Wegener dem Punsch erlag; nahe auch der Leipziger Straße, wo die Mendelssohns ihr Haus hatten und einige andere wohlhabende und wohlmeinende Familien aus dem Berliner Kulturleben. Wer von dort aus Unter den Linden promenieren will, kreuzt rein zufällig auch die Behrenstraße. Carl Bechstein schien sich in mehrfacher Hinsicht genau überlegt zu haben, wo er seine Werkbank aufstellte.

Liest man spätere Chroniken, so scheinen Mut zu eigenen Ideen und praktisches Denken zum Familienerbe zu gehören.

1926 zum Beispiel wurde zum 100. Geburtstag von Carl Bechstein in der Beilage »Rund um den Friedenstein« des »Gothaischen Tageblatts« ein Beitrag gedruckt, der auch auf den familiären Hintergrund einging. Danach waren die Bechsteins seit Jahrhunderten in den thüringischen Dörfern Laucha und Langenhain sowie in den Städten Waltershausen und Ohrdruf als Bauern und Handwerker ansässig. Musikalisches Talent und verschiedenste Begabungen sollen in den Familien ausgesprochen verbreitet gewesen sein – Thüringen ist ohnehin eine der musikträchtigen Regionen Deutschlands. Ein gewisser Johann Matthäus Bechstein soll erst Theologie studiert haben, später aber zur Naturwissenschaft umgeschwenkt sein; in Waltershausen gründete er eine Forstakademie, aus der später das Institut in Dreißigacker bei Meiningen hervorging. Johann Matthäus' Neffe war jener Schriftsteller und Märchen- und Sagensammler Ludwig Bechstein, der die literarische Rezeption des Mittelalters in Deutschland erst richtig populär machte; er starb 1861 in Meiningen, wo der Herzog ihn als Bibliothekar mit dem Titel eines Hofrats angestellt hatte, was damals eine beliebte Form des Sponsorings darstellte. Ludwig Bechsteins Sicht auf das Mittelalter spielte unter anderem für Wagners Konzeption des »Tannhäuser« eine entscheidende Rolle.

Zu den Cousins des Märchensammlers zählte auch der Vater von Carl Bechstein, ein Friseur und Perückenmacher in Laucha, der seine freie Zeit vorwiegend an einem alten Spinett verbrachte. Mit viel Zähigkeit hatte er es zu einem eigenen Laden gebracht. Als er 1831 im Alter von 42 Jahren starb,

Harmoniums in verschiedenen Gattungen stehen zu jeder Zeit zur gefälligen Ansicht.

Auf Verlangen übernehme ich die Ausschmückung von Instrumenten in jedem beliebigen Styl.

Concert- & Salon-Flügel.

DIE PIANOFORTE-FABRIK von C. BECHSTEIN.

Stutz-Flügel. Pianinos.

Berlin, Johannisstr. 4, Magazin und Lager Behrenstr. 56.

		Pr. Crt. Thaler
No. 1a.	Concertflügel, 7 Octaven, von A bis A, Mechanismus mit ununterbrochener Auslösung, Metallener Saitenhalter und Klangbalken, 6 Eisenspreitzen, Rollen, Jacaranda- (Polisander-) Holz mit Rosenholz-Einlage oder Bildhauerverzierung (8' lang, 4' 5" breit)	700
„ 1b.	Dieselben in Nufsholz	715
„ 2a.	Concertflügel, 7 Octaven, von A bis A, Mechanismus mit ununterbrochener Auslösung, Metallener Saitenhalter und Klangbalken, 6 Eisenspreitzen, Rollen, Jacaranda- (Polisander-) Holz (7' 10" lang, 4' 5" breit)	566 2/3
„ 2b.	Dieselben in Nufsholz	581 2/3
„ 3a.	Concertflügel, 7 Octaven, von A bis A, Mechanismus mit ununterbrochener Auslösung, Metallener Saitenhalter und Klangbalken, 6 Eisenspreitzen, Rollen, Jacaranda- (Polisander-) Holz (7' 3" lang 4' 5" breit)	566 2/3
„ 3b.	Dieselben in Nufsholz	581 2/3
„ 4a.	Stutzflügel, 7 Octaven, von A bis A, Mechanismus mit ununterbrochener Auslösung, Metallener Saitenhalter und Klangbalken, 5 Eisenspreitzen, (6' lang, 4' 5" breit)	450
„ 4b.	Dieselben in Nufsholz	465
„ 1a.	Pianinos, 3chörig mit schräglaufenden Saiten (Piano demi-oblique, grofs Format, neu Modell, 7 Octaven von A bis A, Forte- und Harfen-Pedal, Leuchtern, Rollen etc., in Jacaranda- (Polisander-) Holz, Mechanismus mit ununterbrochener Auslösung, Metallener Saitenhalter, 5 Eisenspreitzen (3' 10" hoch, 4' 10" breit, 2' tief)	340
„ 1b.	Dieselben in Nufsholz	350
„ 2a.	Pianinos, 3chörig mit senkrechtlaufenden Saiten (Piano vertical), 7 Octaven von A bis A, Forte- und Harfen-Pedal, Leuchtern, Rollen etc., in Jacaranda- (Polisander-) Holz, Mechanismus mit ununterbrochener Auslösung, Metallener Saitenhalter, 5 Eisenspreitzen (3' 10" hoch, 4' 6" breit, 2' tief)	300
„ 2b.	Dieselben in Nufsholz	310
„ 3	Pianinos, 3chörig mit senkrechtlaufenden Saiten (Piano vertical), 6¾ Octaven, von C bis A, Forte- und Harfen-Pedal, Leuchtern, Rollen etc., in Jacaranda- (Polisander-) Holz, Mechanismus mit ununterbrochener Auslösung, Metallener Saitenhalter, 4 Eisenspreitzen (3' 10" hoch, 4' 4" breit, 2' tief)	280
„ 4	Pianinos, 2chörig mit senkrechtlaufenden Saiten (Piano vertical), 6¾ Octaven, von C bis A, Forte- und Harfen-Pedal, Leuchtern, Rollen etc., Jacaranda- (Polisander-) Holz, Mechanismus mit ununterbrochener Auslösung, Metallener Saitenhalter, 4 Eisenspreitzen (3' 10" hoch, 4' 4" breit, 2' tief)	230
	Harmoniums von	50—300
	Die Verpackung eines Flügels resp. Pianinos in starker Holzkiste mit Schrauben etc.	8 resp. 7
	Desgleichen überseeische Verpackung in Zink und Holzkiste	20 resp. 15

Für sämmtliche Instrumente wird mehrjährige Garantie übernommen.

Die Preise verstehen sich netto compt. — Gold nach Tages-Cours.

hinterließ er eine Witwe mit drei Kindern; Carl, der Jüngste, war fünf Jahre alt. 1833 heiratete die Mutter wieder, und zwar den ebenfalls verwitweten Kantor Agthe in Dietendorf. Der schien ein strenges Regiment geführt zu haben, wobei er nicht zuletzt auf die Schulleistungen der eigenen Tochter und der drei Stiefkinder sah. Andererseits genoss Carl Bechstein beim Stiefvater einen soliden Unterricht in Geige, Cello und Klavier.

1840, im Alter von 14 Jahren, wurde Carl zu dem Klavierbauer Johann Gleitz in Erfurt in die Lehre geschickt. Möglicherweise war seine Schwester Emilie mit Gleitz zu diesem Zeitpunkt bereits verlobt. Geheiratet hat sie ihn offenbar erst 1844. Vier Jahre musste Carl Bechstein bei seinem jähzornigen und alkoholabhängigen Meister in Erfurt aushalten. Immerhin schien Gleitz sein Handwerk verstanden zu haben. Doch glücklich kann man die Umstände der Kindheit und Jugend des Carl Bechstein nicht nennen. Wen wundert es, dass er dann, als er zuerst nach Dresden zu Pleyel, später nach Berlin ging, als ein für sein Alter ungewöhnlich ernster Mann galt, gleichwohl von ausgesuchter Liebenswürdigkeit. Sparsam war er ohnehin: Er selbst soll erzählt haben, dass er bei seiner Wanderung von Dresden nach Berlin die Schuhe über der Schulter hängen hatte, um die Sohlen zu schonen.

Außerdem benutzte er damals jede Gelegenheit, sich nebenher weiterzubilden. So lernte er zum Beispiel während seiner ersten Berliner Zeit als Werkstattleiter bei Perau in den wenigen freien Stunden Französisch.

Der junge Carl Bechstein muss ein tief gegründetes, unerschütterliches Selbstbewusstsein gehabt haben; sicher auch ein Gefühl für die eigene physische und psychische Kraft. Da geht einer ruhig und unbeirrt seinen Weg, und der führte ihn nun in der Tat von Berlin nach Paris und wieder zurück in die Berliner Behrenstraße, in die eigene, kleine Klavierbauwerkstatt, wo er ein Dreivierteljahr an seinen beiden ersten Instrumenten werkelte.

Bechstein hatte den Vorteil, dass ihn etliche Künstler bereits von Perau her kannten. Und offenkundig hat er diesen Vorteil zu nutzen gewusst. Wie sonst hätte er so rasch Kontakt bekommen zu Dr. Theodor

Historisches Bechstein-Modell mit besonders geformtem Resonanzboden im Bassbereich

Kullak, dem Klavierlehrer der königlichen Familie? Jedenfalls soll Kullak über die Erstlinge des Lobes voll gewesen sein, und das zählte viel. Der Czerny-Schüler und Vertreter der klassischen Virtuosenschule hatte gerade drei Jahre zuvor zusammen mit dem Kompositionslehrer Adolf Bernhard Marx und dem Geiger Julius Stern die »Musikschule für Gesang, Klavier und Komposition« gegründet, aus der später das große »Stern'sche Conservatorium« werden sollte.

Zweifellos hatte der Name Bechstein im gebildeten Berlin auch durch den erwähnten Onkel Ludwig einen guten Klang. Der hatte 1853 – innerfamiliäre Koinzidenz – gerade ein Chef-d'œuvre veröffentlicht, sein »Deutsches Sagenbuch«.

Auch betriebswirtschaftlich war die Entscheidung richtig, Berlin zum Standort für ein eigenes neues Unternehmen zu wählen. Preußen beherrschte das größte zusammenhängende Staatsgebiet auf deutschem Boden; das hatte Bedeutung in einer Zeit, in der an den Grenzen etlicher deutscher Staaten immer noch zum Teil völlig willkürliche Schutzzölle erhoben wurden, was den Warenaustausch innerhalb Mitteleuropas stark behinderte. Preußen stand zudem dem deutschen Zollverein vor, der innerhalb seiner Territorien die Schutzzölle abgeschafft hatte. Wer sich in Berlin niederließ, hatte erhebliche Vertriebsvorteile gegenüber Unternehmen etwa im Bereich des Bayrisch-Württembergischen Zollvereins.

Die Geschichte des Carl Bechstein lässt durchaus Kalkül vermuten. Während Theodor Kullak, der zweifellos etabliert war, anfangs die wichtigste Bekanntschaft darstellte, sollte bald ein anderer eine noch größere Rolle spielen. Da gab es einen jungen Dresdner Pianisten, einen Liszt-Schüler, der genau in jenen Monaten seine später legendenumrankte Karriere begann. Als Carl Bechstein an seinen beiden ersten Klavieren leimte, schabte und schraubte, spielte Hans von Bülow noch in gottverlassenen Adelssitzen und mit viel Glück auch mal in einer deutschen Residenz, wurde allmählich bekannt und musste sich trotzdem ab und an von der Mutter ein bisschen Geld kommen lassen. Er war ein offensichtlich brillanter Pianist, dem es aber viel mehr um die Werke zu tun war und um den Klang. 1855 ging er als Klavierlehrer nach Berlin; von irgendetwas musste er schließlich leben. Bülow wurde Nachfolger des bewussten Dr. Kullak, der gerade die später eminent erfolgreiche »Neue Akademie der Tonkunst« gegründet hat, also Klavierprofessor an der erwähnten »Musikschule für Gesang, Klavier und Komposition« und wohnte zunächst »per Adresse Adolf Bernhard Marx, Behrenstraße 4, 2 Treppen«.

Im April 1855 schrieb Bülow an seinen verehrten Lehrer Liszt, eine der schmerzlichsten Erfahrungen sei für einen Pianisten in Berlin, dass es »einen absoluten Mangel an passablen Klavieren« gebe. Die Instrumente von Stöcker, die sehr en vogue seien und für die Kullak immerhin als Agent arbeite, seien das Abscheulichste auf der Welt – »le plus détestable au monde«. Perau liefere noch das Beste. Für das Konzert im »Gustav-Adolph-Verein« habe er, Bülow, die Wahl gehabt zwischen einem guten Perau und einem exzellenten Flügel von Klemm aus Düsseldorf, einem Fabrikat, für das übrigens Clara Schumann Propaganda machte. Von Bechstein noch kein Wort. Der baute 1855 zwar schon Flügel, aber offenbar noch keine Konzertinstrumente.

Bülow hat Bechstein wohl zunächst über Perau näher kennen gelernt. Auf jeden Fall standen er und Bechstein am Beginn einer Laufbahn. 1855 war

Carl Bechstein mit seinem ersten Instrument, 1853

Bülow 25 Jahre alt, Bechstein 29. Im Jahr darauf, 1856, fertigte Carl Bechstein seinen ersten Konzertflügel. Das Instrument trug nach unbestätigten Berichten die Fabrikationsnummer 100. Das scheint angesichts der bescheidenen Stückzahlen der Werkstatt ein wenig hochgegriffen. Bis 1859 lieferte Bechstein insgesamt 176 Klaviere und Flügel aus. Wahrscheinlich ist also, dass Bechstein 1856 eine runde Zahl wählte und die fehlenden Nummern in den nächsten Monaten abarbeitete.

Bülow lernte den Flügel kennen, der mit allen modernen Ingredienzien ausgestattet und vor allem – unter reichlicher Verwendung eiserner Verstärkungen – extrem stabil gebaut war, und spielte ihn mit großem Erfolg bei seinem nächsten öffentlichen Auftreten Anfang 1857. Wahrscheinlich war es nicht das erste Mal, dass er öffentlich einen »Bechstein« spielte. Bülow erinnerte sich später, dass er 1856 bereits auf einem »Bechstein« konzertierte, vielleicht auf Bechsteins zweitem Instrument von 1854, das zwar ein Flügel, doch kein Konzertflügel war und erst recht nicht von so revolutionärer Bauart. Andererseits trat Bülow auch viel in privaten Soireen auf; so ist es nicht einmal ausgeschlossen, dass er auch mit den aufrechten Klavieren seines späteren »Beflüglers« Erfahrungen gesammelt hatte. Das Pianino war, ebenso wie das Tafelklavier, im kleineren Rahmen durchaus salonfähig.

Das entscheidende Konzert fand am 22. Januar 1857 statt. Bülow spielte im Zentrum eines gemischten Programms Liszts Klaviersonate h-Moll. Den Herausgebern der neuen Liszt-Ausgabe zufolge war dies vermutlich sogar die Uraufführung des Werks, das immerhin bereits 1854 bei Breitkopf & Härtel im Druck erschienen war.

Die Sonate schied die Gemüter, und es entspann sich eine bedeutende Pressefehde, in deren Verlauf Hans von Bülow die Sonate entschieden und gelegentlich polemisch verteidigte. Zu Bülows Entschlossenheit mag nicht zuletzt beigetragen haben, dass er zu diesem Zeitpunkt bereits mit Cosima Liszt verlobt war, die er im Frühherbst 1857 heiratete und die später die Gattin Richard Wagners wurde. Doch auch ohne die sich abzeichnende familiäre Verbindung wäre Bülow für die Sonate seines verehrten Lehrers mit aller Überzeugung eingetreten. Und ebenso überzeugt äußerte er sich dahin gehend, dass vor allem das neue Instrument, das er benutzte, der Sonate zu ihrer Wirkung verholfen habe.

An dem denkwürdigen Abend also saß Bülow zum ersten Mal in einem Konzert an dem neuen Flügel von Carl Bechstein, der so unversehens in das Spannungsfeld Liszt–Wagner geriet, was einerseits dem späteren Fortgang der Geschäfte außerordentlich dienlich sein sollte, zum anderen aber auch die Bechstein'sche Klangwelt entscheidend beeinflusst haben dürfte.

Denn Liszts h-Moll-Sonate ist nicht nur für den Pianisten ein mörderisches Stück, sondern auch für das Klavier. Die Oktavgänge am Ende stellen extreme Anforderungen an das Material. Bülow repräsentierte die authentische Liszt-Schule, was unter anderem bedeutete, dass er die unmittelbare physische Kraft der Hand und des Arms einsetzte und sich damit radikal unterschied von jenen zum Teil außerordentlich berühmten Pianisten der frühromantischen Tra-

Hans von Bülow. Ihn verband eine lebenslange Freundschaft mit Carl Bechstein

Franz Liszt gibt ein Konzert in der Berliner Musikakademie. Karikatur von 1842

dition, die vor allem für die Gelenkigkeit ihrer Finger bewundert wurden.

Carl Bechstein hatte durchaus den Ehrgeiz, Instrumente für diese neue Art der emotionsgeladenen Musik zu bauen. Übrigens zeigte er schon am Beginn seiner noch eingeschränkten Selbständigkeit einen Zug selbstbewusster Modernität. So waren schon Bechsteins frühe Instrumente vor allem »Pianinos«, also aufrecht stehende Klaviere – in einer Zeit, in der das Tafelklavier noch lange nicht aus der Mode war, vor allem nicht im konservativen Berlin.

Das zierlichere Tafelklavier wirkte im kleinen Salon wirklich eleganter als das eher unförmige, aufrecht stehende Pianino; und es war auch von angenehmerer Klangabstrahlung. Darüber hinaus zeigte man sich in Spree-Athen auch dem wandhohen Lyraflügel zugeneigt, der in den entsprechend zahlungskräftigen besseren Häusern paradierte.

Das Pianino hatte dagegen etwas unbedingt Proletarisches. Dafür aber gehörte ihm die Zukunft. Bechstein war also, für Berliner Verhältnisse zumal, Avantgardist, als er sich im Jahr 1853 stolz mit seinem ersten Instrument, einem sehr respektablen, knapp 1,20 Meter hohen, schrägbesaiteten »Upright«, fotografieren ließ.

Der erste Konzertflügel aus der Werkstatt des Carl Bechstein war 1857 die Sensation. Am Tag darauf schrieb Bülow einen Brief an Liszt, in dem er erwähnt, dass er ein Instrument eines »gewissen Bechstein« gespielt habe, das er höher als die Érards einschätze. Drei Wochen später beklagte Bülow wiederum, ebenfalls in einem Brief an Liszt, dass der Bechstein-Flügel verkauft sei und er sich für sein Konzert in Leipzig nach einem anderen Instrument umsehen müsse. Eine lebenslange Partnerschaft hatte begonnen.

Für weiteres Aufsehen sorgte Carl Bechstein mit dem Marketing seines jungen Unternehmens. Dabei ging er einen sehr eigenen Weg, wobei die Pariser Firma Érard wiederum als Vorbild diente. Bechstein kümmerte sich nämlich um seine Künstler. Vor allem natürlich um den einen: Hans von Bülow.

Im bedeutungsvollen Jahr 1856, in dem Bechstein nicht nur heiratete, sondern auch seine Werkstatt in der Behrenstraße wesentlich vergrößerte sowie Mitarbeiter einstellte und möglicherweise sein Gewerbe überhaupt erst offiziell anmeldete, hatte er erlebt, dass Érard Liszt für ein Konzert in Berlin einen Flügel zur Verfügung stellte. Bechstein sah mit an, wie im Verlauf des Abends eine Saite nach der anderen der Belastung nicht mehr standhielt und riss. Bechstein beschloss damals endgültig, den neuen und wirklich modernen Flügel zu bauen, der auch Liszts Spiel gewachsen wäre.

Der nächste entscheidende Schritt war, den Flügel dorthin transportieren zu lassen, wo Hans von Bülow seine Konzerte gab. Dabei kam ihm der verkehrstechnische Fortschritt zugute: Die Zahl der Eisenbahnstrecken nahm stetig zu. Bereits Ende November 1857 schrieb Bülow an den Freund Alexander Ritter, dem er versprochen hatte, am 1. Dezember in Stettin das 1. Klavierkonzert von Liszt zu spielen: »Als ich zu Bechstein, der nach meiner Ansicht der bedeutendste Flügelmann in Deutschland ist, obwohl er erst drei gebaut hat, eilte, hatte der sein Instrument schon auf den *Chemindefer* geschafft, und so wartet denn selbiges auf dem Stettiner Bahnhofe.« Der Jungunternehmer vermarktete sich also mit ungewöhnlichem Engagement. Verglichen mit Érard war Bechstein ein Nobody: drei Flügel insgesamt – aber der Service stimmte.

Dass er trotzdem Kaufmann blieb und bleiben musste, vor allem, wenn es zum Beispiel um die überhöhten Zölle zwischen Berlin und Wien ging, zeigt wiederum ein ziemlich ungehaltener Brief Bülows vom 6. März 1860 aus Paris:

»Geehrter Herr und Freund … Als ich Ihnen durch meine Frau den Vorschlag machen ließ, mir zu meinem Auftreten im philharmonischen Conzert vom 25. März in Wien einen Ihrer schönen Concertflügel liefern zu wollen, geschah dies weniger aus dem egoistischen Grunde, dass ich hoffte, auf einem ›Bechstein‹ glänzenderen Effekt zu machen als auf einem ›Bösendorfer‹ oder ›Streicher‹, als aus einer allerdings noch nicht von Ihnen vorher genehmigten Ambition für Sie, für den Namen und Ruf, den Sie rechtgemäß mit Ihren ausgezeichneten Arbeiten sich auch auswärts allmählich erwerben sollten.

Die Bechstein-Fabrik in der Johannisstraße 5–7, 1872

Erlauben Sie mir ganz offen zu reden. Ich bin weit entfernt zu leugnen, dass ein Flügel aus Ihrem Atelier zur Darlegung meines geringen Talents günstiger geeignet ist als jedwedes andere Instrument deutscher Fabrik; es wird Ihnen andererseits aber nicht entgehen können, dass ich mir zu andern Feinden, deren ich in Wien bereits eine genügende Anzahl besitze, die ganze Meute sämtlicher Pianofabrikanten des östr. Kaiserstaates auf den Hals hetzen würde. – Dergleichen Rücksichten halten mich aber nicht ab, eine Idee, deren Verwirklichung Reiz für mich hat, auszuführen. Meine Idee war, Ihnen behilflich zu sein zur Erringung eines Rufes in ganz Deutschland, wie ihn vor einigen Dezennien das Haus Streicher besessen oder das Haus Érard in der ganzen Welt … Die pecuniären gewissen Nachteile, die Ihnen aus dem Eingehen in meinen Plan erwachsen würden (Sie zählen sie in Ihrem Schreiben auf), scheinen bei weitem den Nutzen zu überwiegen, den der Ruf der Firma aus der ganzen Sache gewinnen möchte. Darüber enthalte ich mich als inkompetent eines Urteils – ich würde die Transport- und Steuerkosten mit Vergnügen bezahlen, wenn es meine Mittel erlaubten … Ich bin sehr ärgerlich über die Hindernisse, die sich meiner Absicht in den Weg stellen. Das wird mich aber nicht im geringsten abhalten, meiner alten Hochschätzung Ihrer Leistungen die alte treue Ergebenheit zu bewahren. In diesem Punkte bin ich kein Berliner, auch selbst gegenüber Berlinern nicht!«

Der Brief erhellt zugleich, wie Bülow die Propaganda für die Bechstein'schen Instrumente mit der gleichen Entschiedenheit betrieb, mit der er sich für die Musik Liszts und Wagners einsetzte, nicht zuletzt deswegen, weil für ihn der Bechstein-Klang und die neue Musik eins waren.

Am 8. Oktober 1860 wurde das junge Unternehmen von einem wichtigen Ereignis geadelt. An diesem Tag kaufte der größte Meister des Pianoforte seinen ersten Bechstein-Flügel. Das Instrument trug die Nummer 247. Im Ausgangsbuch war preußisch-schlicht über den Käufer zu lesen: »Kapellmeister Liszt in Weimar«.

Bis Ende 1860 hatte Bechstein insgesamt etwa 300 Instrumente gebaut. Das waren noch weniger, als Feurich in Leipzig vorzuweisen hatte; und Blüthner, ebenfalls in Leipzig, war seit 1853 bereits bei Nummer 2500 angelangt. Steinway & Sons in New York und Braunschweig, die 1853 in Amerika mit Nummer 483 begonnen hatten – die vorangegangenen Instrumente waren ausschließlich in Deutschland gebaut worden –, hatten bereits 3000 Instrumente gefertigt.

Carl Bechstein war also zunächst nicht unbedingt vom kommerziellen Erfolg verwöhnt. Es war wohl in erster Linie die künstlerisch-ästhetische Idee, die ihn trieb. Bechstein wollte einen neuen Klavierklang. Und so berichtet Bülow Ende 1860 in einem Brief an Liszt, er habe für die h-Moll-Sonate in Leipzig einen »ultrasublimen Bechstein« zur Verfügung gehabt. Über Jahrzehnte hinweg sollte der »Bechstein« mit seinem Klang den Fortgang der Musik nachhaltig beeinflussen. Unzählige Kompositionen sind an ihm niedergeschrieben worden.

Zwei Jahre später kommt ein erneuter Durchbruch. Auf der Londoner Industrieausstellung von 1862 gibt es gegen die übermächtige englische Konkurrenz und deren gute Verbindungen zur Ausstellungsleitung Sieger-Medaillen: »Die Instrumente Bechsteins zeichnen sich durch eminente Frische und Freiheit des Tones, Annehmlichkeit der Spielart und Gleichheit der verschiedenen Register aus und dürften selbst der kräftigsten Behandlung Widerstand leisten.« Über die Ausstellung wurde auch ein amtlicher Bericht im Auftrag der Kommission der Deutschen Zollvereins-Regierungen angefertigt: »C. Bechstein, Hoflieferant Sr. Majestät des Königs, dessen Geschäft erst im August 1856 gegründet wurde, aber in der kurzen Zeit von sechs Jahren sich zu einer solchen Höhe empor geschwungen hat, dass er mit 90 Arbeitern gegen 300 Instrumente, darunter allein 140 Flügel jährlich fabriziert und nach Amerika, Asien, England und Russland ausführt, hatte 2 ganz ausgezeichnete Flügel geschickt ... Wir berichten mit Freuden, dass seine Flügel eine große Anzahl von Freunden in London gefunden haben und glauben hoffen zu dürfen, dass sie in England Verbreitung finden ...«

In dieser Zeit, in der das moderne Klavier endgültig entwickelt wurde, gehörte es zum guten Ton, dass die einzelnen Firmen energisch darauf bedacht waren, bedeutende Interpreten an sich zu binden. Bülow, der in solchen Angelegenheiten von einer entwaffnenden Offenheit sein konnte, genoss die ausgesprochen liebenswürdigen Umgangsformen des Klavierfabrikanten Ludwig Bösendorfer in Wien. In Russland spielte er die Flügel der renommierten Petersburger Firma Becker und äußerte sich sogar vor Bechstein lobend über deren Klang und vor allem Spielart. Es hatte auch über verschiedene Seiten Annäherungsversuche zwischen Theodor Steinweg und Bülow gegeben, und Bülow hatte mehr als einmal überlegt, ob er nicht in Kontakt zu dem Braunschweiger Unternehmen treten sollte. Doch als man ihn, nachdem er sich 1863 nach einem Konzert in Berlin lobend über einen Steinway-Flügel geäußert hatte, zu vereinnahmen suchte, verbat er sich derlei ausdrücklich und deklarierte öffentlich seine Vorliebe für das »Bechstein'sche Farbenklavier«, freilich nicht ohne seinen großen Respekt vor dem Konkurrenzfabrikat deutlich zu machen.

Anfang der 1860er Jahre begann nun also auch das Unternehmen Bechstein zu florieren. Bechstein hatte nach dem Tod Peraus im Jahr 1861, der auch das Ende der Perau'schen Klaviermanufaktur bedeutete, die eigene Fabrikation in die Johannisstraße 4 auf zwei Grundstücke verlegt, die sich bis zur Ziegelstraße hinzogen. Ein dort stehendes älteres Gebäude sollte in den neuen Komplex einbezogen werden. In der Behrenstraße 56 blieben das Magazin und das Lager, die erst 1867 auf ein weiteres Grundstück in der Johannisstraße 5 umzogen. Einen Teil des benötigten Kapitals für den Umzug hatte sich Bechstein geliehen.

Ausschnitt aus dem Brief an Bechstein vom 9. Mai 1864, in dem Bülow den Piano-Sekretär erwähnt

Der für Richard Wagner angefertigte Piano-Sekretär

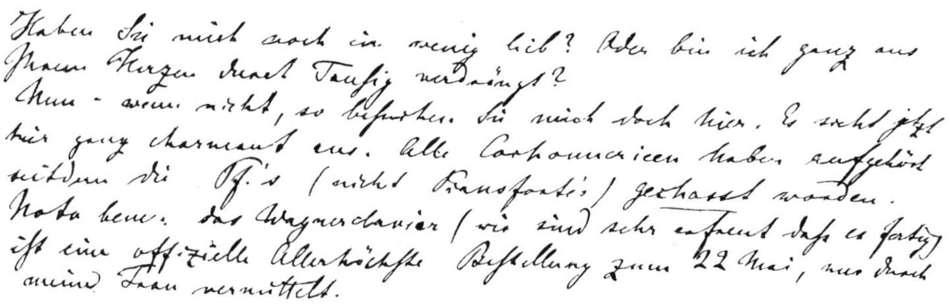
Haben Sie mich noch ein wenig lieb? Oder bin ich ganz aus Ihrem Herzen durch Tausig verdrängt?
Nun – wenn nicht, so besuchen Sie mich doch hier. Es sieht jetzt hier ganz charmant aus. Alle Carbonariceen haben aufgehört seitdem die Pf.'s (nicht Pianofortes!) geschafft worden.
Nota bene: das Wagnerclavier (wir sind sehr erfreut daß es fertig) ist eine offizielle Allerhöchste Bestellung zum 22 Mai, nur durch meine Frau vermittelt.

Doch kurz nach dem Umbau brach ein Brand aus und vernichtete nahezu alles. Dies hätte fast das Ende des Unternehmens bedeutet. Aber noch einmal sprangen Freunde ein und liehen Geld. Auch Bülow trug dazu bei, denn er erwähnt verschiedentlich eine Summe von 2000 Talern. So schrieb Bülow am 24. August 1866 aus Luzern: »Meine 2000 brauche ich jetzt nicht. Ums Himmels willen bewahren Sie diese Summe, benutzen Sie sie wie, wann immer bis – der Teufel wieder los geht …«

Bülow hatte keine geringe Summe vorgestreckt, denn aus dem Jahr 1865 gibt es eine Preisliste, wonach ein Konzertflügel von 8 Fuß Länge, »Mechanismus mit ununterbrochener Auslösung, Saitenhalter und Klangbalken«, 700 preußische Taler kostete. Ein Stutzflügel kam auf 450 Taler. Die Pianinos lagen zwischen 230 und 280 Talern. Die Verpackung »in starker Holzkiste mit Schrauben« berechnete das Unternehmen mit »8 resp. 7 Pr. Th.«.

Die Qualität der Instrumente sprach sich indessen immer mehr herum, nicht zuletzt dank Bülow. Nichtsdestoweniger blieb Bechstein überaus großzügig. Anfang Mai 1864 floh Wagner aus Wien nach München zu seinem neuen Gönner, dem Bayernkönig Ludwig II. Und zu seinem Geburtstag kam aus Berlin ein Bechstein-Flügel. Am 25. Mai bedankte sich Wagner artig:

»… Als ich vor drei Jahren zum ersten Male aus dem Exil nach Deutschland zurückkehrte und kurze Zeit bei meinem Freunde Liszt in Weimar verweilte, gerieth ich eines Tages zufällig über ein Instrument, das mich durch seinen krystalligen, wonnigen Ton der Maaßen freute und fesselte, dass ich meinem theuren Hans von Bülow, der mir bei einem traurigen Abschiede eine trostreiche Hoffnung erwecken wollte, den begeisterten Gedanken eingab, dafür Sorge tragen zu wollen, dass ein gleiches Instrument mich, wo ich weilen werde, erheitern solle.«

Der »theure Freund« Hans von Bülow konnte damals noch nicht ahnen, dass Cosima und Richard Wagner einander schon im November 1863 in Berlin getroffen und das »Bekenntnis, uns einzig gegenseitig anzugehören«, ausgetauscht hatten. Am 10. April 1865 wurde Isolde, das erste gemeinsame Kind von Cosima von Bülow und Richard Wagner in München geboren. Am 10. Juni 1865 dirigierte Hans von Bülow in München die Uraufführung von Wagners »Tristan und Isolde«.

Ende 1864 war Bülow, der ebenfalls nach München gegangen war, von Bechstein bedacht worden. Und zwar gleich mit zwei Flügeln, einem kleinen in Eiche und einem großen »wunderbar schönen«, den der Pianist kurz vor Weihnachten mit Erfolg im Konzert benutzte:

»Ihr Flügel hat famos geklungen, hell, deutlich, voll. Alles ist sich darüber einig, dass man solche Pianos in München noch nicht gehört. Ich hoffe, dass auch die Augsburger [Musikzeitung] davon reden wird – Steinweg kann diesmal niemanden gegen Sie bestechen.« Noch bevor die Flügel eintrafen, schrieb Bülow an Bechstein ein aufschlussreiches Notabene: »Der König kommt anfangs nächsten Monats. Das

Einladung Carl Bechsteins an J. Rodenberg: »Sehr geehrter Herr! Unterzeichneter giebt sich hierdurch die Ehre Sie Freitag d. 11. D. M. Abends 19.00 Uhr nach A. Rubinstein's Concert zu einem kleinen Herren Souper in seine Wohnung Johannis Str. 5, ergebendst einzuladen. Hochachtungsvollst C. Bechstein«, 9. Februar 1870

Blick in den Bechstein-Flügel Nr. 4732

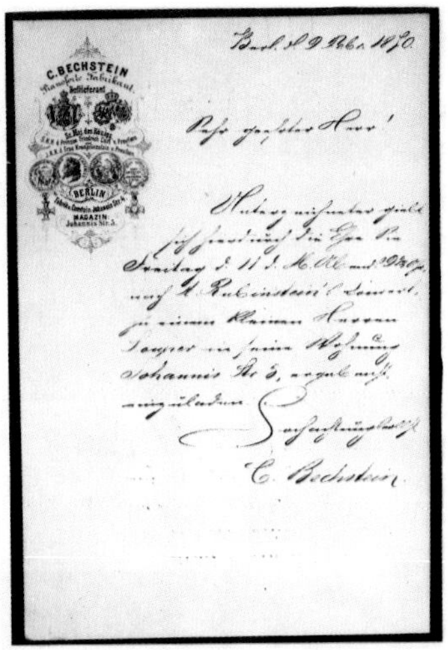

erste, was Wagner und ich ihm zu oktroyieren vorhaben, ist natürlich ein ›Bechstein‹!«

Bechstein dachte sich für Wagner noch etwas Besonderes aus. 1864 schickte er diesem, der nach etlichen Monaten erzwungenen Auslandsaufenthalts wieder nach München gezogen war, einen »Piano-Sekretär«, ein Klavier, das zugleich Schreibtisch war und damit ein zum Komponieren besonders geeignetes Möbel. Den Piano-Sekretär musste er allerdings nicht verschenken. Bülow an Bechstein: »Das Wagnerklavier (wir sind erfreut, dass es fertig) ist eine offiziell Allerhöchste Bestellung zum 22. Mai, nur durch meine Frau vermittelt.« Bülows Gattin Cosima hatte zwar Wagner inzwischen schon eine zweite Tochter geboren, fungierte aber offiziell als dessen »Sekretärin«. Bülow in einem weiteren Brief: »Ihr Piano-Sekretär – himmlisch – hat dem verehrten Meister große, große Freude bereitet! Haben Sie das Gegengeschenk seiner Büste empfangen? Ferner (hierüber bitte ich nur positive Auskunft) hat Ihnen das Hofsekretariat Ihr Kunstwerk honoriert? Wenn noch nicht, so schreiben Sie mir's gleich – weil ich dann sofort mahnen werde – und mit Erfolg!«

Während Bülow, wohin er auch kam, mit der größten Entschiedenheit für die Instrumente Bechsteins warb, hatte der Klavierfabrikant an dem hoch nervösen, zunehmend unter Kopfschmerzen leidenden Pianisten keinen leicht zu nehmenden Freund. Dass er bereit war, Bülow in sein Haus aufzunehmen, wann immer der in Berlin Station machte, wurde geradezu selbstverständlich. Häufig musste sich der Pianist bei Bechstein von völliger Erschöpfung erholen, wo er fürsorglich abgeschirmt wurde gegen jede, auch die freundschaftlichste Zudringlichkeit. War Bülow auf Reisen, so versorgte Bechstein ihn nicht nur mit seinen Konzertflügeln, sondern auch mit Zeitungen, Zigaretten und gelegentlich so genannten »Judenwitzen«. Denn Bülow pflegte einen leicht snobistischen Antisemitismus, der von seinen jüdischen Freunden wie dem Cellisten Heinrich Grünfeld oder dem Pianisten Moritz Moszkowski mit Fassung ertragen, gelegentlich auch mit scharfsinnigen Aperçus beantwortet wurde.

In der Freundschaft zwischen dem Klavierfabrikanten und »seinem« Pianisten fehlt jedes Moment von Berechnung. Bechstein war, so erfolgreich er als Unternehmer mit den Jahren auch wurde, weiterhin von seinem Klangideal getrieben; und er blieb ein Mensch, der Wärme ausstrahlte und auch im Miteinander Harmonie herzustellen suchte.

So war es Carl Bechstein, an den sich Bülow im Juli 1869 in größter Verzweiflung wandte; der Freund sollte ihm ein Exemplar des preußischen Ehescheidungsgesetzes zuschicken und einen Anwalt vermitteln: »Es ist Gefahr für mich im Verzuge.« Die geliebte Cosima, Tochter seines verehrten Lehrers Liszt, hatte ihren Ehemann Hans von Bülow nach mehreren Jahren einer entnervenden Ménagerie à trois endgültig verlassen und verlangte die Scheidung, um Wagner heiraten zu können, dessen erste Frau Minna inzwischen gestorben war. Im August 1869 ging Bülow aus München fort. Seinen Studenten überließ er zum

Starnberg in Bayern. 25 Mai 1864.

Hochgeehrtester Herr!

Soeben erst gelange ich dazu, das prachtvolle Geschenk, welches Sie mir grossmüthig zugesandt, Ihren schönen Flügel, in meinem Arbeitszimmer zu bewillkommnen.

Als ich vor drei Jahren zum ersten Mal aus dem Exil nach Deutschland zurückkehrte, und kurze Zeit bei meinem Freunde Liszt in Weimar verweilte, gerieth ich eines Tages zufällig über ein Instrument, das mich durch seinen kräftigen, wonnigen Ton der Maassen freute und fesselte, dass ich meinem theuren Hans von Bülow, der mir bei einem traurigen Abschiede eine trostreiche Hoffnung erwecken wollte, den begeisterten Gedanken eingab, dafür Sorge tragen zu wollen, dass ein gleiches Instrument mich, wo ich weilen werde, erheitern solle.

Nach drei schweren, widerwärtigen Jahren, in denen ich fast zu bereuen hatte, mich je wieder meinem ungastlichen grossen deutschen Vaterlande zugewandt zu haben, sendet mir, ganz unerwartet, der Himmel in dem jugendlichen, soeben zur Regierung gelangten König von Bayern den mächtigen Schirm und Beschützer, der für alle Lebenszeit mir Ruhe zum Schaffen und Mittel zur Aufführung meiner Werke bietet. Unter seinem Schutze endlich der lang gesuchten letzten Heimath mich zuwendend, bieten nun Sie mir als der Erste nach Ihm das schöne, edle Werkzeug, dessen ich zu meinem Schaffen bedarf, und das meiner neuen letzten Niederlassung nicht fehlen durfte.

So ist mein Wunsch überraschend schön erfüllt!

Neben meinen begeisterten jungen König stellen Sie sich, um mir mit dem Besten, was Sie leisten, die Hand zu reichen, um zu dem Besten, was ich noch leisten kann, mir hilfreich zu sein! Ich fasse diese Hand mit herzlicher Bewegtheit und drücke sie mit freudigstem Danke!

Ehre Ihnen! Freundschaft und innigste Anerkennung für immer! Wem solche Freude, wie mir, bereitet werden kann, der muss wohl der Welt noch etwas werth sein dürfen.

Mit hochachtungsvollem Grusse

Ihr

sehr verpflichteter

Richard Wagner

Brief Richard Wagners vom 25. Mai 1864. Wagner äußert sich darin überaus lobend über das Bechstein-Instrument

Bechstein-Flügel im Liszt-Museum Weimar

Abschied seinen Bechstein-Flügel. In Berlin logierte er inkognito bei Bechstein, Johannisstraße 5. Von dort schrieb er einen verzweifelten Brief an Joachim Raff, der endet: »Anfang künftiger Woche werden meine persönlichen Geschäfte hier abgethan sein, und ich bin dann frei, vogelfrei ...«

Leicht hatte es Carl Bechstein mit dem Freund bestimmt nicht. Und doch blieb er von außerordentlicher Bescheidenheit, wie ein Brief vom Ende 1868 bezeugt: »Die Freundschaft eines so hervorragenden Mannes und weltberühmten Künstlers sollte mich fast stolz machen, wenn ich mir nicht in Demuth gestehen müßte, dass ich dieselbe in Wirklichkeit nicht verdiene; ich habe nur das fabelhafte Glück gehabt, dass beim Beginn meiner Laufbahn ein Gott an meinem Werktisch stand, unter dessen Schutz ich das geworden, was ich gegenwärtig bin.«

Bülow ließ an seinem »Beflügler« auch manchen Unmut aus. So schien ihm einmal die Mechanik zu schwergängig. Einen anderen Flügel, den ihm Bechstein nach Barmen geschickt hatte, nannte er kurzerhand »Barmen-Erbarmen-Flügel«: »Damit's dem Publikum weich und gefälliger klinge, wird die Individualität des Musikstücks und des Spielers vernichtet.« Aus Florenz, wohin er nach seiner Scheidung floh, schrieb er: »... zu allen Teufeln habe ich Sie d. h. Ihren elenden ökonomischen Castrat-Kasten gewünscht. Ich habe nur ein Stück, Liszts Ricordanza, drauf spielen können und da klapperten die Bässe ganz Peraußlich.« Bülow kannte ja noch die Perau'schen Flügel und ärgerte Bechstein mit dieser spitzen Bemerkung sicher nicht wenig. Wie Bechstein das alles hingenommen oder besser: ertragen hat, ist nicht überliefert. Inzwischen dürfte er über jene Erfahrung verfügt haben, die wohl jeder Klavierbauer im Umgang mit herausragenden Pianisten macht: Dass wieder einmal die Seele des Künstlers klemmt und nicht die Mechanik des Flügels.

Mancher Hinweis Bülows war allerdings sehr detailliert, so wenn er Bechstein riet, eine bestimmte zusätzliche Feder in die Mechanik einzubauen. Bülow wetterte gelegentlich gegen die »doppelte Auslösung« (double échappement) nach Erard'schem Vorbild, die heute Standard in allen Flügeln ist, und lobte die so genannte einfache Auslösung nach altem englischen Vorbild. Vor allem ging es ihm um eine leichte Spielart und damit nicht nur um Brillanz, sondern in erster Linie um die Klangvaleurs. Tatsächlich baute Bechstein zeitweise parallel Flügel mit einfacher und solche mit doppelter Auslösung.

Bechstein revanchierte sich übrigens für lobende wie beschimpfende Schreiben unerschüttert auf seine Weise, wie einem weiteren Brief Bülows, diesmal aus dem Jahr 1872, zu entnehmen ist: »... fürstlich von Freund Bechstein aufgenommen und bei ihm aufgehoben. Ein eigener Diener in weißer Cravatte im Vorzimmer meiner Winke harrend, speciell darauf dressirt, keinen Menschen zu mir zu lassen.«

Es ist nicht auszuschließen, dass Bülow ohne seinen Freund Bechstein seine Pianistenlaufbahn gar nicht hätte durchstehen können. Carl Bechstein war ihm, um aus Wagners »Ring« zu zitieren, Vater und Mutter zugleich. Bechstein hatte das Genie seines Freundes erkannt, der als Pianist dem 1. Klavierkonzert von Brahms den Weg ebnete und das 1. Klavierkonzert von Tschaikowsky uraufführte und der als Dirigent die Uraufführungen von »Tristan und Isolde« und der »Meistersinger« leitete. Und Bechstein wusste, dass seine Instrumente ihre Möglichkeiten erst dann voll entfalteten, wenn ein Künstler des modernen, hoch nervösen und übersensiblen Typs sich ihrer bediente.

Verglichen mit Bülow war der Umgang mit Franz Liszt ein geradezu idealer. Jedes Jahr wurde ein neuer Bechstein-Flügel auf die Altenburg geschickt. Gegen Ende seines Lebens dankte Liszt dem inzwischen international berühmten Berliner Klavierfabrikanten noch einmal: »Eine Beurteilung Ihrer Instrumente kann nur eine vollkommene Belobigung sein. Seit

Brief an Carl Bechstein von Franz Liszt, 19. Oktober 1885

Plakette, die an das Spiel auf diesem Flügel erinnert (Liszt hatte 1865 in Rom die niederen Weihen »Abbé Liszt« empfangen)

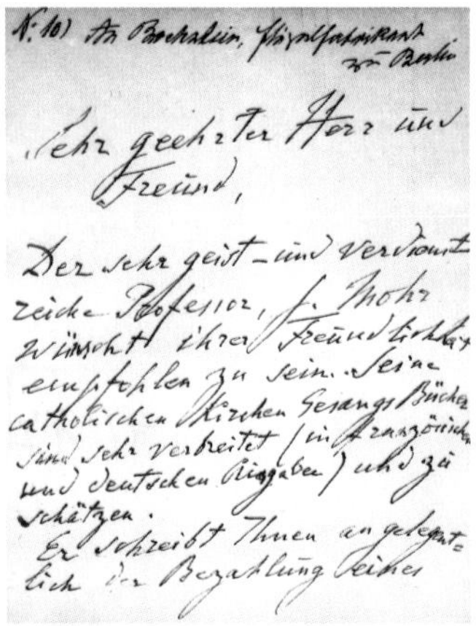
N. 10) An Bechstein, Flügelfabrikant zu Berlin

Sehr geehrter Herr und Freund,

Der sehr geist- und verdienstreiche Professor, Mohr wünscht Ihrer Freundlichkeit empfohlen zu sein. Seine catholischen Kirchen Gesangs Bücher sind sehr verbreitet (in französischen und deutschen Ausgaben) und zu schätzen.
Er schreibt Ihnen angelegentlich in Bezahlung seines

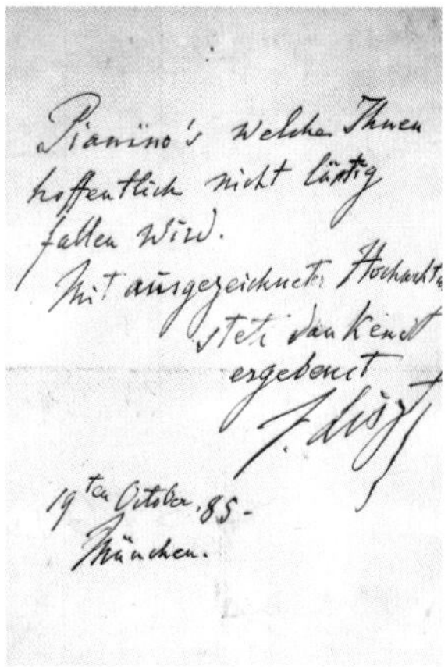
Pianino's welche Ihnen hoffentlich nicht lästig fallen wird.

Mit ausgezeichneter Hochachtung stets dankend ergebenst

F. Liszt

19ten Oktober 85.
München.

28 Jahren habe ich nun Ihre Instrumente gespielt und sie haben ihren Vorrang erhalten. Nach der Meinung der kompetentesten Autoritäten, welche Ihre Instrumente gespielt haben, ist es nicht mehr nötig, sie zu loben, es wäre dies nur Pleonasmus, eine Umschreibung, eine Tautologie.«

Ende der 1860er Jahre hatte das Unternehmen den Export entschieden erweitern können. Die Instrumente gingen vor allem nach England und Russland, sodass auch der preußisch-französische Krieg 1870/71, der sich im Nachhinein als ein deutsch-französischer herausstellte, den Auslandsumsatz kaum beeinträchtigte. 1870 wurden die Fabrikationsanlagen erneut entscheidend erweitert. Die Stückzahl lag nun bei über 500 Instrumenten pro Jahr.

Der Erfolg ist freilich auch der Vater des Plagiats. Carl Bechsteins Anwälte waren zunehmend damit beschäftigt, besonders pfiffigen Zeitgenossen das Handwerk legen zu müssen, die ihre bescheidenen Pianos unter dem Namen »Eckstein«, »Bernstein«, »Beckstein« zu vertreiben versuchten oder gar einfach »Bechstein« darauf schrieben, weil vielleicht zufällig die Ehefrau diesen Geburtsnamen mitgebracht hatte.

Die 1870er Jahre bescherten mit den französischen Reparationen dem frisch gegründeten Deutschen Reich einen Bauboom ohnegleichen. Vor allem in Berlin entstanden nach Pariser Vorbild jene großen Wohnhäuser, deren Etagenwohnungen über zwei Eingänge verfügten, neben der Küche einen Raum für das Dienstmädchen enthielten und im vorderen Teil einen Durchgangssalon aufwiesen, jenes »Berliner Zimmer«, das ohne Flügel oder zumindest Pianino einfach nicht chic war.

1877 war ein Bechstein-Pianino von 1,25 Meter Höhe für 960 Reichsmark zu haben – der Thaler hatte inzwischen ausgedient. Ein »Konzertpianino« kostete 1275 Mark, bot Platz für die Büsten von Beethoven und Wagner und ragte 1,36 Meter hoch bis knapp unter die röhrende Hirsche. Ein kleiner Stutzflügel war nur 75 Mark teurer, während der große Konzertflügel mit einer Länge von knapp 2,60 Metern für 3000 Mark angeboten wurde. Carl Bechstein baute 1877 insgesamt 672 Instrumente, er machte einen Umsatz von rund einer Million Mark und konnte mit einem Jahreseinkommen von etwa 80 000 Mark durchaus zufrieden sein.

1880 ließ Carl Bechstein eine zweite Fabrik in der Grünauer Straße errichten, die später, 1886, noch einmal erweitert wurde. Bechstein, der seinen Arbeitern, wenn sie ihm 25 Jahre lang die Treue gehalten hatten, eine goldene Uhr schenkte, erfüllte sich vermutlich im gleichen Jahr 1880 oder nur wenig später einen Traum: eine prachtvolle Neorenaissance-Villa am Dämeritzsee in Erkner, die er in Anklang an Vergils »Bucolica« und an Ciceros Villa Tusculanum sein »Tusculum« nannte. Es war dies auch eine Anspielung an das »Goldene Zeitalter« des Vergil und nicht zuletzt die selbstbewusste Geste eines Autodidakten, der sich seine eigene und sehr persönliche humanistische Bildung aus eigener Kraft erarbeitet hatte. Die Villa wurde zum gesellschaftlichen Mittelpunkt – ein Haus, dessen Gastfreiheit sprichwörtlich war. Eugen d'Albert zum Beispiel verbrachte den Sommer 1883 dort und komponierte sein neues h-Moll-Klavierkonzert.

Selbstverständlich war die Villa von einem ausgedehnten Park mit einem See umgeben. Und auf dem

Nach dem Tod von Franz Liszt am 31. Juli 1886 überließ Carl Bechstein den Flügel Liszts dem Museum in Weimar

Die Bechstein-Villa am Dämeritzsee, erbaut um 1880

Die zweite Bechstein-Fabrik in der Grünauer Straße, 1880

Schenkungs-Urkunde.

Das zu Weimar im Liszt-Hause befindliche und von dem verewigten Meister

Franz Liszt

zuletzt benutzte, von mir angefertigte und mir gehörige Instrument überlasse ich für alle Zeiten dem zum Andenken des verewigten Meisters zu stiftenden

Liszt-Museum.

Berlin, den 20ten August 1886.

C. Bechstein

Königl. Preussischer Commerzienrath

Pianoforte Fabrikant

Hoflieferant

Seiner Majestät des Kaisers und Königs

Ihrer Majestät der Königin von England

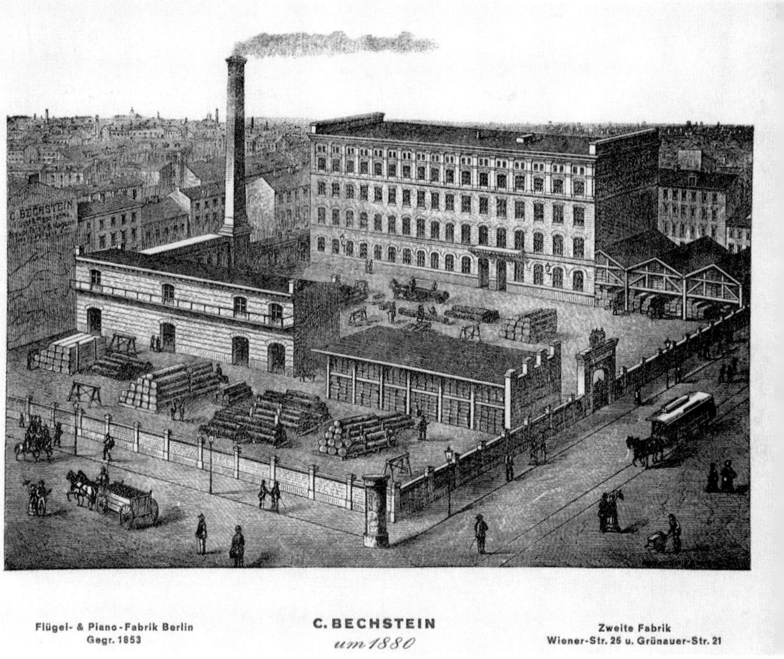

See konnte man sich bald mit einer ganz neuen Erfindung vergnügen: einem elektrisch betriebenen Boot. Fortschritt musste sein. Bechsteins »Tusculum« diente ab 1938 als Rathaus von Erkner. Am 8. März 1944 wurde es durch Bombentreffer völlig zerstört, der Wiederaufbau blieb unvollständig. Immerhin gibt es in Erkner heute wieder einen »Carl-Bechstein-Weg«.

Zur Vollendung seines Rufs des »preußischen Érards« fehlte Bechstein nur noch eines: Am 4. Oktober 1892 wurde zum größten Stolz des Geheimen Kommerzienrats Carl Bechstein, wie er sich inzwischen nennen durfte, in der Linkstraße der »Bechstein-Saal« eröffnet. Auftraggeber war die Konzertdirektion von Hermann Wolff. Als Architekten hatte man den Baurat Schwechten gewonnen, der auch die Philharmonie umgebaut hatte. In der »Allgemeinen Musikzeitung« erschien der Vorbericht:

»… Die Eröffnung des *Saales Bechstein* wird sich zu einem dreitägigen Musikfest gestalten. Am 4. Oktober wird als Erster Herr Dr. von Bülow als Pianist sich hören lassen (C-Moll-Fantasie von Mozart, Les Adieux von Beethoven, neue ungedruckte Klavierstücke von Brahms, Faschingsschwank von Schumann, C-Dur-Fantasie op.12 von Kiel u. A.); am 5. Oktober wird das Joachim'sche Streichquartett unter Mitwirkung von Joh. Brahms ein Streichquartett, das Klarinettenquintett und eine Violin-Klaviersonate des Wiener Meisters zur Aufführung bringen, und am 6. Oktober wird Anton Rubinstein spielen und sein Sextett für Blasinstrumente, eines seiner besten Werke, zur Aufführung bringen.«

Bülow war zu diesem Zeitpunkt schon seit sechs Jahren Chefdirigent eines phänomenalen neuen Orchesters, der späteren Berliner Philharmoniker. Seiner rhetorischen Intermezzi wegen nannte man ihn den »Konzertredner«. Dass er das Musikleben der Reichshauptstadt nachhaltig prägte, daran bestand kein Zweifel. Was weder Carl Bechstein noch die vielen Freunde ahnen konnten: Der Eröffnungsabend sollte auch der Abschiedsabend werden. Es war das letzte Mal, dass Hans von Bülow vor seinem Tod 1894 eine Klaviersoiree gab. Seine Witwe Marie von Bülow notierte später in ihrer Ausgabe der Briefe des verstorbenen Gatten: »… Die zunehmenden Schmerzen veranlassten Bülow, in Berlin den ihm seit

Konzertprogramm zu Ehren von Franz Liszt

Zur Eröffnung des neuen Gebäudes der Berliner Philharmonie spielte unter anderem Hans von Bülow Beethovens Fantasie C-Dur auf einem Bechstein-Flügel

Concert-Direction
Hermann Wolff.

Montag, den 11. October 1886,
Abends 7½ Uhr präcise:

In der Philharmonie

GEDÄCHTNISS-FEIER
für
FRANZ LISZT
unter Leitung des
Herrn Professor **Karl Klindworth.**

PROGRAMM.

I. **„Heldenklage“**, sinfonische Dichtung.
II. **„Prolog“**, verfasst von **Ad. Stern**, gesprochen von Herrn **Ludwig Barnay.**
III. **„Johanna von Arc vor dem Scheiterhaufen“**, dramatische Scene, gesungen von Fräulein **Marianne Brandt.**
IV. **Klavier-Concert Es-dur**, Herr **Eugen d'Albert.**
V. **Eine Symphonie** zu Dante's Divina Comedia. I. Inferno. II. Purgatorio. Unter Mitwirkung des **Klindworth'schen Chors.**

Das Orchester der Philharmonischen Gesellschaft ist auf **80 Künstler** verstärkt.

Sämmtliche Compositionen sind von dem verstorbenen Meister.

Concertflügel: Bechstein.

Den Billetverkauf hat die Hofmusikhandlung der Herren Ed. Bote & G. Bock, Leipziger Str. 37, aus Gefälligkeit übernommen.

PROGRAMM
FÜR DAS
ERÖFFNUNGS-CONCERT
ZUR
EINWEIHUNG
DER NEUERBAUTEN PHILHARMONIE
AM
FREITAG, DEN 5. OCTOBER 1888
ABENDS 8 UHR.

den Bismarcktagen persönlich bekannten Professor Schweninger zu consultiren. Nachdem sich aber herausgestellt, daß die Behandlung (heiße Kopfbäder) mit den unabweisbaren Vorbereitungen für den Klavierabend nicht vereinbar war, da sie die Schmerzen noch mehr aufpeitschte, wurde der Versuch am Tage vor dem Concerte aufgegeben; die quälende Sorge, ob bei der Pein das Gedächtniß auch Stand halten würde, verließ Bülow keinen Augenblick. Um sie zu betäuben, spielte er stundenlang. Es war ein Tag wie in Agonie. Beim Verlassen des Zimmers vor dem Concert rief er: ›Wer mir jetzt eine Kugel durch den Kopf schösse, wäre mein Freund.‹ …

Das glänzendste Publikum Berlins, das der Einladung H. Wolff's zu der Einweihung seines neuen Saales gefolgt war, wußte nicht, daß das, was dort an jenem 4. October 92 erklang, ein Schwanengesang, ein Abschied war für immer: nie wieder sollten Hans von Bülow's Hände die Tasten berühren inmitten einer andachtsvollen Menge; der große Lehrmeister am Flügel, der zuerst ihr offenbart, was sie besaß an höchsten Geistesschätzen – nach jenem Abende verstummte er auf ewig.«

Über den Saal selbst schrieb die »Neue Zeitschrift für Musik«:

»… Es ist kein Riesensaal; er umfaßt nur 500 und einige Plätze, und soll – wie der Prophet besagt – hauptsächlich für Concerte intimen Charakters, das ist Clavier-, Kammermusik-, Lieder-Concerte, dann auch für Vorträge dienen. Daß er damit einem Bedürfniß des Berliner Musiklebens entgegenkommt, ist nicht zu bezweifeln … Der äußerst geschmackvoll und, wie uns die nachher zu erwähnenden 3 Einweihungsconcerte überzeugt haben, akustisch vortrefflich gelungene Bau, ist von dem Königl. Baurath Schwechten ausgeführt worden. Letzterem scheint unser Singacademie-Saal als Muster vorgeschwebt zu haben, man hat beim Betreten des Saales Bechstein zunächst den Eindruck, als sähe man die Singacademie in verjüngtem Maßstabe vor sich.«

Der Saal im Stil der italienischen Renaissance war in Weiß und Gold gehalten. An den glatten Wänden

Programmzettel mit drei einflussreichen Namen des Berliner Musiklebens: Hans von Bülow, Herrmann Wolff und Carl Bechstein

Werbung aus den zwanziger Jahren

Gratis.

* CONCERT-DIRECTION HERMANN WOLFF, BERLIN. *

Montag den 10. Februar 1890, Abds. 7½ Uhr sehr präcise.

VIII. Philharmonisches Concert.

Dirigent: Dr. Hans von Bülow.

Solist: Max Pauer
(Klavier).

PROGRAMM.

1. Ouverture zu „Manfred“ . . . . *R. Schumann.*
2. Concert für Klavier mit Orchester, D-moll, op. 70 . . . . *A. Rubinstein.*
   Moderato. — Moderato assai. — Allegro assai.
   *(Klavier: Herr **Max Pauer**.)*
3. Slavische Rhapsodie, op. 45 No. 1 . . . *A. Dvořák.*
   (z. 1. Mal in den philharmonischen Concerten.)
4. Sinfonie No. VII, A-dur, op. 92 . . . *L. v. Beethoven.*
   Poco sostenuto ed allegro vivace. — Allegretto. – Scherzo e Trio. -- Finale. Allegro con brio.

Concertflügel: BECHSTEIN.

IX. Philharm. Concert: Montag den 24. Februar 1800.

Moszkowski: Praeludium und Fuge aus der II. Orchester-Suite (Manuscr.). — **Damrosch:** Violin-Concert (z. 1. Mal). — **Meyerbeer:** Ouv. Struensee. — **Mendelssohn: Musik zu „Sommernachtstraum“ für Soli, Chor und Orchester.**

*Solist: Herr **Charles Gregorowitsch** (Violine)*

Die Chöre im „Sommernachtstraum“ werden von den Damen des Philharmonischen Chores gesungen.

Programmbücher à 80 Pfennige.

Programmbücher à 80 Pfennige.

Das Verlassen des Saales nach Beginn des II. Theiles des Concerts kann — um Störungen während der Sinfonie etc. zu vermeiden — nur durch die rückwärtige Thür (bei den Stehplätzen) **bewerkstelligt werden.**

Während der Musik bleiben die Saalthüren geschlossen.

ragten »Säulenprospekte von korinthischer Form« empor. Die Decke präsentierte sich in reichem Stuck, und hinter dem Podium sah man in einer Nische die Statue der Polyhymnia, »von Prof. Calandrelli nach griechischem Vorbilde gefertigt«. Carl Bechstein war endgültig in Spree-Athen angekommen.

Übrigens gab es elektrisches Licht, nur leider noch kein passendes Treppenhaus; das wurde erst im darauf folgenden Jahr gebaut. Der Saal wurde 1944 durch einen Bombentreffer vollständig zerstört.

Noch einmal errichtete Carl Bechstein, dessen Vermögen Mitte der neunziger Jahre auf etwa 4,75 Millionen Mark geschätzt wurde bei einem Jahreseinkommen von über 300 000 Mark, eine Fabrik. 1897 entstanden die Produktionsstätten in der Reichenberger Straße in Kreuzberg. Knapp drei Jahre später, am 6. März 1900, starb Carl Bechstein, drei Monate nach seiner Frau. Bestattet wurde er im Familiengrab auf dem Sophienfriedhof.

Er hatte einen beispiellosen Weg hinter sich gebracht, einen Weg, der paradigmatisch für die zweite Hälfte des 19. Jahrhunderts stehen könnte. Er hatte an sich selbst geglaubt und an die Tüchtigkeit, an die so genannten preußischen Tugenden und an die abendländischen Werte. Zu seinen Arbeitern hatte er ein hilfsbereit-patriarchalisches Verhältnis gepflegt, nicht unbedingt ein modern-soziales – Rentenkassen, Krankenkassen und dergleichen waren ihm ebenso suspekt wie Streiks. Er hatte am Ende seines »goldenen Zeitalters« auch ein beachtliches Vermögen angesammelt.

Zu seinem Tod edierte die Königliche Porzellan-Manufaktur KPM Mokkatassen mit seinem Porträt und mit der lorbeerumkränzten Inschrift »Carl Bechstein 1826–1900« in der Untertasse. Mit seinem Tod war freilich auch die Alleinherrschaft beendet. Das 20. Jahrhundert begann für die Firma C. Bechstein mit der Herrschaft einer Familie, eines Clans.

Piano-Herstellung bei Bechstein zu Beginn des 20. Jahrhunderts

Die Londoner Bechstein-Filiale mit einem dazugehörigen Saal wurde 1901 in der Wigmore Street eröffnet

Der Clan Im Frühling 1900 wurden die Söhne Edwin (*1859), Carl (*1860) und Johannes (»Hans«, *1863) die neuen Herren über das Weltunternehmen mit fast 800 Beschäftigten. Zur Geschäftsleitung gehörten sie seit 1894. Die Produktion lag im Jahr 1900 bei über 3500 Instrumenten. Carl Bechstein junior kümmerte sich um den Klavierbau; Edwin Bechstein war für die kaufmännische Leitung zuständig. 1906, nach dem Tod des jüngsten Bruders Hans, wandelten sie das Familienunternehmen in eine offene Handelsgesellschaft um.

Ganz Deutschland war in Hochstimmung. Man baute Schlachtschiffe, gründete Konzerne und Kolonien und verfügte über einen Kaiser mit markantem Schnurrbart. Der formte gelegentlich Sätze wie: »Das Klavier ist ein gesundheitsschädlicher Turnapparat«; es gab allerdings Schlimmeres aus dieser Quelle. Irgendwie waren die Zeiten ganz anders als 1853; die Spree floss weiterhin havelwärts, nur mit »Athen« war es nicht mehr weit her. Das 20. Jahrhundert sollte auch dem Unternehmen C. Bechstein eine höchst wechselvolle Geschichte bescheren.

Zunächst feierte man das 50-jährige Bestehen. 1903 besaß Bechstein vier Fabriken, in denen 800 Mitarbeiter beschäftigt waren, die jährlich über 4500 Instrumente herstellten. Seit 1853 waren insgesamt 65 200 Klaviere und Flügel gefertigt worden.

Zugleich expandierte man. Und zwar ausgerechnet in der Höhle des Löwen, in London. 1901 war in der Wigmore Street eine »Bechstein Hall« eröffnet worden. Der Saal fasste rund 550 Zuhörer. Die Seitenwände waren mit Pilastern aus numidischem Marmor dekoriert und mit Mahagoni getäfelt; oben prangte ein Fries von rotem Veroneser Marmor. Das halbkreisförmige Podium wurde von einer Kuppel mit einem Bild von Moira und Lynn Jenkins überwölbt, auf dem eine splitternackte Dame den Genius der Harmonie hochhielt. 1902 fanden rund 300 Konzerte statt. Während des Ersten Weltkriegs wurde der Saal enteignet und firmiert nun schon seit Jahrzehnten unter »Wigmore Hall«.

Bereits 1885 war in der gleichen Straße die Londoner Niederlassung, 38 Wigmore Street, gegründet worden. Die Länder des Commonwealth nahmen den größten Teil des Bechstein-Exports ab, und sogar Queen Victoria hatte einen reich vergoldeten

Anzeige zu Beginn des 20. Jahrhunderts

C. BECHSTEIN

FACTEUR DE PIANOS

FOURNISSEUR DE:

S. M. L'EMPEREUR D'ALLEMAGNE
S. M. L'IMPÉRATRICE D'ALLEMAGNE
S. M. L'EMPEREUR DE RUSSIE
S. M. L'IMPÉRATRICE FRÉDÉRIC
S. M. LE ROI D'ANGLETERRE
S. M. LA REINE D'ANGLETERRE
S. M. LE ROI D'ITALIE
S. M. LE ROI D'ESPAGNE
S. M. LE ROI DE ROUMANIE
S. M. LE ROI DE WURTEMBERG

S. A. R. LA PRINCESSE HÉRITIÈRE DE SUÈDE ET NORVÈGE
S. A. R. LE DUC DE SAXE-COBOURG-GOTHA
S. A. R. LA PRINCESSE FRÉDÉRIC CHARLES DE PRUSSE
S. A. R. LA PRINCESSE LOUISE, DUCHESSE D'ARGYLL

BERLIN N.
JOHANNIS-STR. 6
Adr.-Télégr.: BESTFLÜGEL-BERLIN

PARIS (IER)
PRES LA PLACE VENDÔME — **334 RUE SAINT-HONORÉ (HÔTEL DE NOAILLES)** — PRES LA PLACE VENDÔME
ADR.-TÉLÉGR.: BECHSTEIN-PARIS ⁎ TÉLÉPHONE: 300–62

LONDON. W.
40. WIGMORE-ST.
BECHSTEIN HALL
Adr.-Télégr.: BECHSTEIN, LONDON

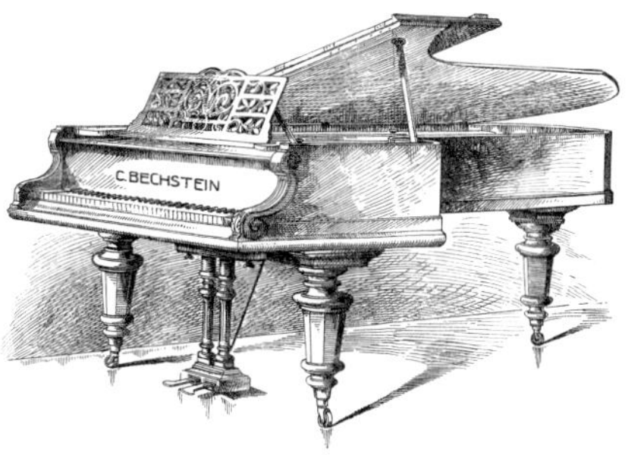

Modèle **E.** Grand modèle de concert
à 7 octaves 1/4, du la à l'ut
à Cordes croisées – Châssis en métal – Sommier recouvert de métal – Mécanique à répétition.
Longueur 2 m 70 – Largeur 1 m 57

Modèle **C.** Demi-queue de salon
à 7 octaves 1/4, du la à l'ut
à Cordes croisées – Châssis en métal – Sommier recouvert de métal – Mécanique à répétition.
Longueur 2 m 21 – Largeur 1 m 53

Modèle **A.** Miniature 1/4 de queue
à 7 octaves, du la au la
à Cordes croisées – Châssis en métal – Sommier recouvert de métal – Mécanique à répétition.
Longueur 1 m 84 – Largeur 1 m 44

Modèle **D.** 3/4 de queue, de concert
à 7 octaves 1/4, du la à l'ut
à Cordes croisées – Châssis en métal – Sommier recouvert de métal – Mécanique à répétition.
Longueur 2 m 43 – Largeur 1 m 58

Modèle **B.** Demi-queue
à 7 octaves 1/4, du la à l'ut
à Cordes croisées – Châssis en métal – Sommier recouvert de métal – Mécanique à répétition.
Longueur 2 m 03 – Largeur 1 m 50

Modèle **6.** PIANO DROIT
à 7 octaves 1/4, du la à l'ut
à Cordes croisées – Châssis en métal – Sommier recouvert de métal – Mécanique à répétition.
Hauteur 1 m 50 – Largeur 1 m 65 – Profondeur 0 m 60

Modèle **7.** PIANO DROIT
à 7 octaves 1/4, du la à l'ut
à Cordes croisées – Châssis en métal – Sommier recouvert de métal – Mécanique à répétition.
Hauteur 1 m 38 – Largeur 1 m 61 – Profondeur 0 m 66

Modèle **8.** PIANO DROIT
à 7 octaves 1/4, du la à l'ut
à Cordes croisées – Châssis en métal – Sommier recouvert de métal – Mécanique à répétition.
Hauteur 1 m 285 – Largeur 1 m 56 – Profondeur 0 m 63

Tous nos modèles de pianos à queue et de pianos droits se font aussi en frisé, ornés de sculptures, de peintures vernis Martin, de bronzes ciselés et en tout autre genre d'ornementation, à des prix spéciaux.

Pass & Garleb, Berlin W. 35

Zum Festakt im Deutschen Reichstag wird ein Flügel angeliefert

»Bechstein« bestellt, den sie eigenhändig mit Miniaturen ausmalte. Die Londoner Niederlassung war ein Prachtbau mit einer Ausdehnung von etwa 35 mal 65 Metern. Die Fenster des Ausstellungsraums im ersten Stock waren mit Glasmalereien dekoriert, die die Wappen der großen deutschen Adelshäuser zeigten. Im November 1916, während des Ersten Weltkriegs, kam das Aus. Die britische Regierung hatte die Zwangsliquidation aller deutschen Niederlassungen angeordnet. Die Firma Debenham Ltd. von der gegenüberliegenden Südseite der Wigmore Street ließ bei der Auktion durch James Boyton, Member of Parliament, die gesamte Niederlassung samt Inventar für 56 500 £ – damals etwa 1,1 Millionen Mark – ersteigern. Der Zuschlag durch den Auktionator Sir Howard Frank erfolgte nach knapp vier Minuten. Allein der Wert der 104 Flügel und 30 Pianos durfte auf rund 350 000 £ veranschlagt werden. Die Stimmkontrakte lauteten über 6000 £ jährlich. Die deutschen Adelswappen-Fenster gibt es noch heute; sie stehen inzwischen unter Denkmalschutz. In den ersten Stock zog später eine Versicherung ein, in das Parterre ein Restaurant.

Ähnlich wie der Londoner Niederlassung erging es der Pariser Filiale, 334, rue St. Honoré, die 1903 gegründet worden war. Auch sie wurde im Ersten Weltkrieg enteignet.

Der Erste Weltkrieg war eine gewaltige Zäsur. Vorher hatte man mit rund 1100 Beschäftigten jährlich fast 5000 Instrumente gebaut. Danach stolperte die junge Weimarer Republik von einer Krise in die nächste und hatte die überhohen Reparationsforderungen im Nacken, die in Dollars beglichen werden mussten. Die Inflation begann 1919, und im Mai 1920 kostete ein Flügel Modell V schon 25 000 Mark – ein solcher Flügel wurde »zur kostenfreien Benutzung leihweise bis auf Widerruf« dem Pianisten Emil von Sauer in die Comeniusstraße in Dresden geliefert. Eineinhalb Jahre später betrug der Preis für ein einfaches Pianino Modell 10 bereits 30 000 Mark, wie aus einem anderen Leihschein hervorgeht. Die Kunden hatten kein Geld, jedenfalls keines, das etwas wert war; also stellte Bechstein ihnen seine Produkte erst einmal unbezahlt ins Haus.

Die Familie dagegen schien noch über beachtliche Mittel zu verfügen. Besonders großzügig gab sich Helene Bechstein, Edwins Gattin. Edwin Bechstein war 1916 ausgezahlt worden, nachdem die zunehmenden Auseinandersetzungen zwischen den beiden verbliebenen Brüdern nicht mehr anders zu schlichten waren. 1923 wurde C. Bechstein in eine Aktiengesellschaft umgewandelt, und bei dieser Gelegenheit kauften sich entweder Edwin Bechstein oder seine Frau oder beide wieder in das Unternehmen ein. Helene Bechstein trat in den zwanziger Jahren jedenfalls durchaus im Namen der Firma auf. Dabei war sie nicht immer diplomatisch. Ein tief verwurzelter Antisemitismus tat das Seine – so verärgerte sie den Geiger Fritz Kreisler so sehr, dass der das Fabrikat wechselte. Helene Bechstein logierte regelmäßig im Münchner Nobelhotel »Vier Jahreszeiten« und hielt Hof. Gelegentlich lud sie auch einen österreichischen Jungpolitiker namens Adolf Hitler ein. Es ist nicht mehr festzustellen, ob Hitlers Kosename »Wolf« von Helene Bechstein oder von der mit ihr wetteifernden Münchner Verlegersgattin Elsa Bruckmann erfunden wurde – Winifred Wagner, die Schwiegertochter des Komponisten, ersann ihn jedenfalls nicht. 1924 sagte Helene Bechstein vor der Münchner Polizei aus, sie habe Hitler Mittel zur Verfügung gestellt. Mit ihrer Hilfe sowie der Unterstützung durch Elsa Bruckmann und die Industriellengattin von Seydlitz konnte Hitler 1923 Sicherheiten für ein Darlehen des Bremer Kaffeerösters Richard Frank hinterlegen, um aus dem »Völkischen Beobachter« eine Tageszeitung zu machen, während die Bayreuther Festspiel-Sybille Winifred Wagner ihm jenes Papier in die Haft sandte, auf dem er 1924 »Mein Kampf« schrieb. Nach dem

Die »Piano-Kiddies«, ein Bechstein-Piano-Quartett, spielte Anfang der zwanziger Jahre mit großem Erfolg in den großen Berliner Ufa-Kinos, in der Scala, dem Wintergarten und dem Großen Schauspielhaus

1929 wird ein Bechstein-Flügel in den Zeppelin verladen, der das erste Mal den Atlantik überqueren soll

Zweiten Weltkrieg wurde Helene Bechstein von der Spruchkammer zur Zahlung von 30 000 Mark verurteilt. Sie blieb bis zu ihrem Tod 1951 am Fuße des Obersalzbergs wohnen.

Die Vermutung jedoch, die Klavierfabrik C. Bechstein habe in den dreißiger Jahren von der Nähe eines Teils der Familie zu den nationalsozialistischen Machthabern profitiert, wird durch einen Blick auf die Produktionszahlen widerlegt. In den dreißiger Jahren ging es Bechstein ebenso schlecht wie den meisten deutschen Klavierherstellern.

In den zwanziger Jahren gab es nach dem Ende der Inflation noch große Hoffnungen. An einen Export in ein so wichtiges Land wie Großbritannien war allerdings angesichts der hohen Zölle und Steuern kaum zu denken. Mit der jungen Sowjetunion war auch nicht ins Geschäft zu kommen – dort gab es schlicht ein Einfuhrverbot. Die USA schieden zunächst aus mehreren Gründen als Markt aus. Erst im Herbst 1928 konnte man Verbindungen zu den Vereinigten Staaten knüpfen. Am 18. Dezember erschien in der deutschsprachigen Zeitung »New Yorker Herold« ein Artikel in der Reihe »New Yorker Spaziergänge«:

»Wenn ein Haus vom Range des Wanamaker'schen öffentlich erklärt, dass es sich dadurch geehrt fühlt, einen bestimmten Artikel in New York vertreten und ihn allein vertreten zu dürfen, so weiß es sicher, was es nun sagt – und jeder, der diese Worte liest, ist überzeugt, dass es sich nur um etwas ganz Besonderes handeln könne. So ging es auch dem Spaziergänger – und daher war er hocherfreut, in jenem Artikel einen heißgeliebten Bekannten wieder zu begrüßen, den einzigen Genossen vieler unvergesslicher Stunden: den Bechsteinflügel …«

Der »Spaziergänger« konnte sogar feststellen, dass das Instrument während des Transports auf See die Stimmung gehalten hatte. »Wanamakers« feierten das Ereignis mit Pressekonferenz und großem Empfang für die Society.

Im Mai 1929 wählte man ein neues Verkehrsmittel für einen Chippendale-Flügel: das Luftschiff »Graf Zeppelin«. Im gleichen Monat reiste von Berlin aus ein vergoldeter Flügel mit Malereien à la Watteau zur Weltausstellung in Barcelona. Es ging ja nicht allen Menschen gleichermaßen schlecht. Der spanische Repräsentant war zuversichtlich, den Flügel sofort nach dessen Ankunft an einen Bankier verkaufen zu können. Die Frage der Konvertibilität hatte man schon seit längerem etwas kompliziert regeln müssen: »Für unsere Verkäufe gilt der Wert der Reichsmark gleich 1/2790 kg Feingold zum Preise der Londoner Notierung vom Tage des Verkaufs oder 10/42 U.S.A. Dollar nach unserer Wahl …«

Die zwanziger Jahre waren natürlich auch die großen Jahre der Transatlantik-Schiffahrt. Und da diente mancher Bechstein, fest gezurrt gegen die Unwägbarkeiten der Weltmeere, auf manchem Ocean Liner dem Luxus-Erlebnis der Passagiere. Schiffe wie die »Bremen« waren so etwas wie die »Kleine Nachtmusik« und der »Fliegende Holländer« in einem – Festspiele mit fester Ankunftszeit.

In diesen zu Beginn wie an ihrem Ende wirtschaftlich schwierigen zwanziger Jahren hielten vor allem die Pianisten an »ihrem« Bechstein fest, ob sie nun

Ferruccio Busoni hießen oder Artur Schnabel, Wilhelm Backhaus oder Alfred Cortot, oder der unvergessene Grandseigneur Emil von Sauer, einer der elegantesten Liszt-Interpreten. Wenn ein Komponist wie Ferruccio Busoni, dessen Sensitivität ausschließlich vom Klang des Klaviers geprägt war, einen »Entwurf einer neuen Ästhetik der Tonkunst« geschrieben hatte, so kann man davon ausgehen, dass er seine ästhetischen Vorstellungen an seinem Flügel entwickelt hat. Artur Schnabels grandiose und extrem »moderne« Sonate für Violine solo aus dem Jahr 1919 entstand natürlich in engem Kontakt zu Schnabels Kammermusikpartner und Freund Carl Flesch; aber letztlich muss man annehmen, dass Schnabel die Sonate, ebenso wie sein fulminantes 1. Streichquartett, an seinem »Bechstein« komponierte, so wie unzählige Komponisten gerade der beginnenden Moderne verfuhren. Ein revolutionäres Kompositionsverfahren wie die so genannte Zwölfton-Methode ging sogar dezidiert von den zwölf Halbtönen der Klavieroktave aus und damit von der gleichmäßig schwebend temperierten Stimmung.

Bechstein selbst gab sich innovativ. Man hatte natürlich ständig verbessert, auch wenn das moderne Pianoforte – ob Flügel oder Pianino – im Wesentlichen Ende der 1870er Jahre fertig entwickelt war. Selbstverständlich baute man auch Instrumente für das Welte-Mignon-System, für jene Papierrollen-Automatik, die den Pianisten überflüssig machen sollte. Dadurch blieben uns beispielsweise Aufnahmen mit dem großen Eugen d'Albert erhalten, einem eingeschworenen Bechstein-Pianisten (»Alles habe ich diesen herrlichen Flügeln zu verdanken ...«). Und Bechstein wandte sich auch dem neuen Medium Film zu, das, solange es sich um den Stummfilm handelte, mit dem Pianoforte eng verbunden war. In ungezählten Kinos sorgte der Pianist für den akustisch-emotionalen Hintergrund. 1926 nun wurde ein Bechstein-Kulturfilm gedreht: »Vom Werden eines Flügels«. Er sollte »das Interesse für das Klavier im Allgemeinen ... fördern und somit der gesamten musikalischen Welt und unserer Industrie ... dienen«. Der Film war steuerfrei. Die längste Fassung dauerte 40 Minuten und wurde geliefert mit »Reichszensur- und Lampekarte«.

Eine wirkliche Neuerung war 1929 der Flügel nach dem System des ungarischen Pianisten und Tüftlers Emanuel Moor: zwei gekoppelte Manuale wie bei einer Orgel, das obere eine Oktave höher. Und natürlich eine gedoppelte akustische Anlage. Moor pries seine Erfindung vor allem als ideales Instrument zur Interpretation der Werke von Johann Sebastian Bach. Das Monstrum hieß »Bechstein-Moor-Doppelklavier«; es erzeugte Begeisterung und rote Zahlen.

Eine andere Entwicklung verhieß mehr Erfolg. Sie war jedoch der Zeit weit voraus – zu weit. Dazu kooperierte Bechstein mit dem Physiker Hermann Walther Nernst, der 1920 den Nobelpreis für Chemie erhalten hatte und als einer der Begründer der physikalischen Chemie gilt. Nernst formulierte unter anderem den 3. Hauptsatz der Thermodynamik und definierte damit den so genannten absoluten Nullpunkt; ferner entwickelte er die »Nernstlampe«, die ein nahezu weißes Licht abgibt. Für die Ausführung der elektrotechnischen Seite des ultramodernen Instruments waren Siemens & Halske zuständig, und so entstand der »Neo-Bechstein-Flügel« oder »Siemens-Nernst-Flügel«, ein Stutzflügel ohne Resonanzboden und mit dünnen Saiten, die jeweils in Fünfergruppen über eine Art Mikrofon-Kapsel geführt waren. Erzeugt wurde der Ton über extrem leichte »Mikrohämmer». Das Instrument war nur 1,40 m lang. Das rechte Pedal diente der Lautstärkeregelung; mit dem linken Pedal konnte man den Effekt eines Cembalo- oder Celesta-Tons erzeugen: »Ferner werden ein Radioempfangs-Apparat und ein elektrisches Schallplattenwerk eingebaut, die, mit

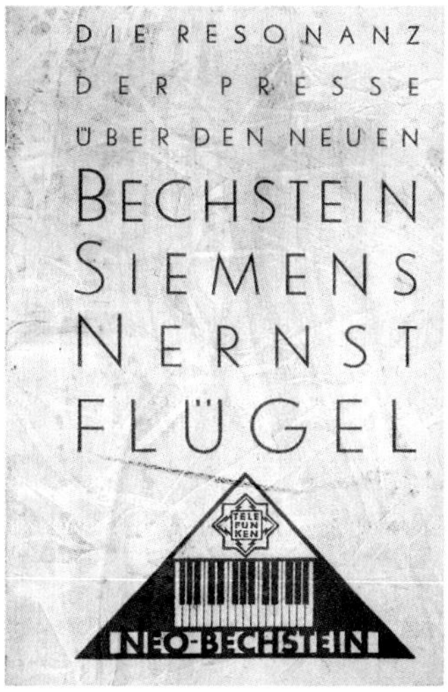

Werbebroschüre für neue technische Entwicklungen der Bechstein-Produktion: Neo-Bechstein und das Bechstein-Moor-Doppelklavier

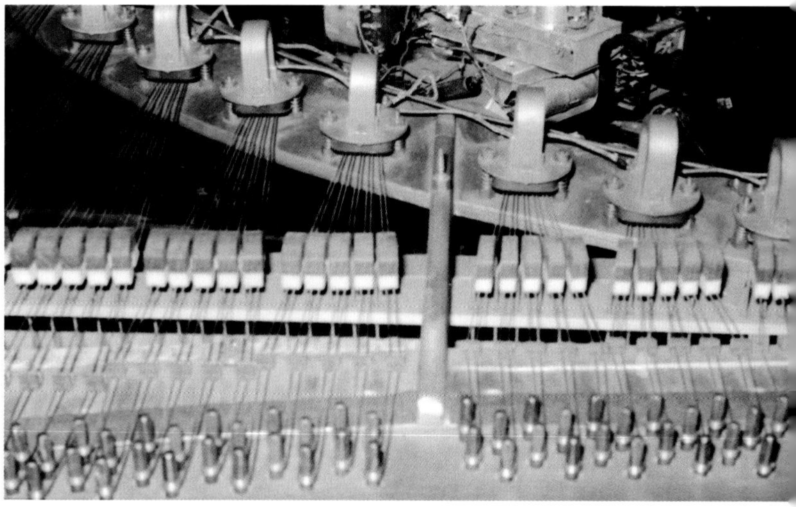

Blick in das Innere des Neo-Bechstein

dem Verstärker und Lautsprecher verbunden, außergewöhnlich gute Übertragungen erzielen.« Für die klaviertechnische Seite war Oskar Vierling zuständig, einer der großen Tüftler des Klavierbaus. Nachdem sich Bechstein in seinen Anfängen mit einem der größten Pianisten zusammengetan hatte, mit Hans von Bülow, arbeitete man nun mit einem der bedeutendsten Physiker, was sicher nicht wenig über die Philosophie des Unternehmens aussagt. In den »Signalen« hieß es 1931: »Im Bechstein-Haus am Zoo in Berlin wurde am 25. August der Bechstein-Siemens-Nernst-Flügel einer großen Anzahl geladener Gäste durch Geheimrat Prof. Nernst vorgeführt. Das Instrument verfügt über eine erstaunliche Vielseitigkeit der Verwendungsmöglichkeiten. Es vereinigt Sprechmaschine und Radio ...«

Der Neo-Bechstein war 1931 eine Sensation, aber kein Erfolg. Die Zeit war noch nicht reif. Dabei konnte man mit diesem Instrument direkt und ohne weitere Mikrofone für das Radio spielen oder Schallplatten aufnehmen. Zu alledem war der Flügel preiswerter als der kleinste Bechstein. Was sich heute längst zu einem gigantischen Markt ausgewachsen hat, nämlich das Segment für elektronisch verstärkte und elektronische Instrumente, blieb damals eine so kleine Nische, dass das Produkt nicht überleben konnte. Sogar die zugrunde liegenden Berechnungen von Nernst, der 1941 in Muskau starb, scheinen verloren gegangen zu sein.

Ende 1932 hatte man mit einer handfesten Weltwirtschaftskrise zu kämpfen und versuchte es mit neuen Marketing-Methoden. Bestimmte Instrumente wurden mit einem »nur in dieser Zeit gültigen Arbeitsbeschaffungsnachlass von beträchtlicher Höhe« verkauft. Es half nicht viel. In den fünf Jahren zwischen 1930 und 1935 wurden insgesamt etwa 4500 Instrumente abgesetzt; zwischen 1935 und 1940 ging die Produktion noch einmal zurück auf 3900. Die Verehrung der Helene Bechstein für Adolf Hitler hatte offensichtlich nicht viel eingebracht.

Die innere Situation des Unternehmens war zudem alles andere als günstig. 1926 waren die Zerwürfnisse innerhalb der Familie erneut ausgebrochen. Vor allem ging es damals um den kostspieligen Einzug in das »Haus am Zoo« Ecke Kurfürstendamm/Hardenbergstraße, gegenüber der Kaiser-Wilhelm-Gedächtniskirche. Der Architekt des auffallenden Gebäudes war Hans Poelzig gewesen, der unter anderem für Max Reinhardt den Umbau des Großen Schauspielhauses, der so genannten Tropfsteinhöhle, bewerkstelligt hatte, der das Berliner Haus des Rundfunks, heute befindet sich hier der SFB, erbaute und das Frankfurter I.G.-Farben-Haus. In den zwanziger Jahren hatte er auch einen utopischen Entwurf für ein Großes Festspielhaus in Salzburg vorgelegt – allerdings kam man über den Grundstein nicht hinaus. Das »Haus am Zoo« war also eine der besten Adressen im Westen Berlins – und eine ausgesprochen teure dazu. Edwin Bechstein widersetzte sich energisch den Plänen seines Bruders und trat endgültig aus der Firma aus. Dem Vorstand gehörten nun neben dem

Programmübersicht für »Neun Meister-Klavierabende am Bechstein-Flügel« während der Konzertsaison 1934/35

Bechstein-Filiale in dem von Hans Poelzig entworfenem »Haus am Zoo«, gegenüber der Kaiser-Wilhelm-Gedächtniskirche, um 1928

1. Abend
Mittwoch, 13. Februar, Singakademie
Wilhelm Kempff

2. Abend
Freitag, 15. Februar, Beethovensaal
Selma Erler-Honigberger

3. Abend
Donnerstag, 21. Februar, Meistersaal
Friedrich Wührer

4. Abend
Dienstag, 26. März, Bechsteinsaal
Eduard Erdmann

5. Abend
Sonntag, 31. März, Beethovensaal
Max Pauer

6. Abend
Sonnabend, 6. April, Beethovensaal
Lubka Kolessa

7. Abend
Mittwoch, 10. April, Bechsteinsaal
Wolfgang Brugger

8. Abend
Donnerstag, 18. April, Beethovensaal
Wilhelm Backhaus

9. Abend
Donnerstag, 16. Mai, Beethovensaal
Elly Ney

Konzertflügel BECHSTEIN

Konzertdirektion Geo Albert Backhaus, Berlin W9, Köthener Straße 32
Karten ab 1.– RM bei Bote & Bock, Leipziger Straße 37, Tauentzienstraße 7b,
A. Wertheim und Filialen sowie an der Abendkasse

Vorsitzenden Carl Bechstein jun. dessen Sohn Carl III. an, der schon 1919 in die Firmenleitung aufgenommen worden war, ferner Hans Joachim Gravenstein, Gatte von Grete Bechstein, und Erich Klinkerfuß. 1931 starb Carl Bechstein jun., sein Bruder Edwin 1934.

Natürlich hatte man erhebliche Anstrengungen unternommen, um auf einem sich verändernden Markt bestehen zu können. 1926 war der »Liliput«-Flügel in Serie gegangen, der nur 1,65 m lang war. Die neue Londoner Filiale Bechstein Piano Company Ltd., die bereits 1924 wieder eingerichtet worden war, versuchte es Anfang der dreißiger Jahre mit einem eigenen Flügelmodell, das nur 1,38 m lang war und damit auch besser an die Wohnverhältnisse in den schmalen englischen Stadthäusern angepasst schien. Doch Händler und Käufer waren mit der Qualität des Instruments nicht zufrieden; bereits 1934 wurde die Produktion wieder eingestellt. Stattdessen baute man in Berlin einen 1,40-m-Flügel für die besonderen Bedürfnisse der englischen Middle class und lieferte ihn nach Großbritannien. Mitte der dreißiger Jahre bekam ein Londoner Händler diesen kleinsten Flügel für einen Einkaufspreis von rund 630 Reichsmark (was etwa 15 Nettowochenlöhnen eines Bechstein-Arbeiters entsprach). Immerhin gehörten lange Zeit sowohl Harrods als auch Selfridges in der Oxford Street zu den Londoner Vertretungen. Harrods vertrat Bechstein übrigens auch in Argentinien mit sechs Niederlassungen.

In England gab es antideutsche Ressentiments freilich nicht nur seitens der einheimischen Industrie; zusätzlich wuchs die Skepsis gegenüber der Hitler-Diktatur.

Nüchtern besehen, brach die C. Bechstein AG im Jahr 1933 zusammen. Bei der Restrukturierung 1934 errang Helene Bechstein die Aktienmehrheit. Um die Kapitaldecke zu erhöhen, wurden die alten Grundstücke in der Johannisstraße an den preußischen Staat verkauft – dessen Ministerpräsident hieß immerhin Hermann Göring. Inwieweit hier die Nähe von Helene Bechstein zur Führungsspitze der NSDAP von Nutzen war, ist nicht geklärt. Den Absatz hat sie, wie gesagt, offenbar ebenso wenig befördert wie die »Abteilung Propellerbau« innerhalb des Unternehmens.

Mit der rücksichtslosen Verfolgung, Enteignung, Vertreibung und Ermordung der jüdischen Bürger durch die Nationalsozialisten verlor Bechstein einen großen Teil seiner potenziellen Käufer. Der »Bechstein« war in den Familien des wohlhabenden jüdischen Bildungsbürgertums eines der bevorzugten Instrumente. Nicht mehr zu klären ist der Verbleib der vielen »Bechsteine«, die von denen zurückgelassen wurden, die sich in die Emigration retteten. Die nationalsozialistischen Behörden und Organisationen hatten beim Plündern der verlassenen Wohnungen eigens den Begriff des »herrenlosen jüdischen Gutes« erfunden. Es wäre sicher aufschlussreich zu erfahren, wo etwa die beiden Flügel von Artur Schnabel blieben, der Flügel der Schauspielerin Henny Porten, die Instrumente der Komponisten Ralph Benatzky oder Jean Gilbert – um nur einige wenige zu nennen. Und viele der emigrierten Künstler konnten sich später nie mehr dazu entschließen, zu ihrer einstigen Flügelmarke Bechstein zurückzukehren.

Titelblatt des Festprogramms zum hundertjährigen Bestehen der Firma Bechstein am 21. November 1953

Wilhelm Backhaus spielt zum Bechstein-Jubiläum Beethoven im Titania-Palast, 1953

Das Fabrikgebäude in der Reichenberger Straße, nach 1945 und Anfang der fünfziger Jahre

Zeitalter der Anfänge Der Zweite Weltkrieg riss auch Bechstein in die Katastrophe. Berlin stand im Zentrum der Großangriffe der englischen und amerikanischen Bombergeschwader. Die Produktionsanlagen in der Reichenberger Straße wurden weitgehend zerstört, ebenso ein großer Teil der abgelagerten Holzvorräte. Unter der alliierten Militärverwaltung lag Bechstein im amerikanischen Sektor. Die US-Administration beschlagnahmte das Unternehmen; erst 1951 wurde die amerikanische Treuhänderschaft aufgehoben. Die Aktien von Helene Bechstein, die nach deren Tod auf die Kinder Lieselotte und Edwin Otto Bechstein vererbt wurden, blieben dabei vorerst unter amerikanischer Kontrolle. 1963 gingen Teile davon ebenso wie die Anteile der Golddiskontbank an den traditionsreichen Klavierhersteller Baldwin Company in Cincinnati. Mitte der siebziger Jahre verkaufte dann auch Edwin Otto Bechstein seine mehr als 25 Prozent an Baldwin.

Unmittelbar nach der Kapitulation erhielt das Unternehmen von den Kontrollbehörden den Auftrag, aus dem vorhandenen Holz Särge zu zimmern, was vielleicht nicht ganz ohne tiefere Absicht geschah. Vor allem die amerikanische Besatzungsmacht verfolgte mit ihrer Nachkriegspolitik mehrere Absichten auf einmal: zum einen die der so genannten Reeducation und einer damit verbundenen Demokratisierung; zum anderen aber auch das Ziel einer gründlichen Auswertung aller deutschen Patente und Entwicklungen für die zivile und militärische Produktion in den USA sowie das einer sukzessiven Öffnung und Vorbereitung des deutschen Marktes für US-amerikanische Produkte.

Es gibt zwei Ikonen der musikalischen »Kultur« des Krieges – symbolstarke Fotos, die um die Welt gingen und die sich in die kollektive Erinnerung geprägt haben. Das eine zeigt einen amerikanischen Soldaten lässig am eroberten Wagner-Flügel inmitten der Schuttberge der Bayreuther Villa Wahnfried, das andere fröhliche G.I.s arrangiert um jenes fronttaugliche, für die Soldatenbetreuung entwickelte New Yorker Steinway-Pianino, das den beziehungsreichen Namen trug: »Victory Vertical«. Die Bedingungen für einen Neubeginn der C. Bechstein AG hätten kaum weniger günstig sein können. Dennoch konnte man im Dezember 1951, mehr als sechs Jahre nach der

Glückwunsch an die Firma Bechstein von Wilhelm Backhaus, 30. Dezember 1953

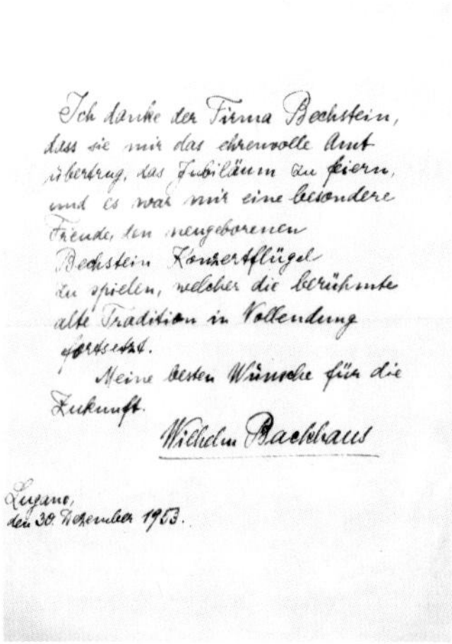

Ich danke der Firma Bechstein,
dass sie mir das ehrenvolle Amt
übertrug, das Jubiläum zu feiern,
und es war mir eine besondere
Freude, den neugeborenen
Bechstein Konzertflügel
zu spielen, welcher die berühmte
alte Tradition in Vollendung
fortsetzt.
Meine besten Wünsche für die
Zukunft.
Wilhelm Backhaus

Lugano,
den 30. Dezember 1953.

Programm des Festkonzerts zum 125-jährigen Bestehen

PHILHARMONIE 1. OKTOBER 1978 20 UHR
KLAVIERABEND AUS ANLASS
DES 125-JÄHRIGEN BESTEHENS DER FIRMA
BECHSTEIN

CHRISTIAN ZACHARIAS
SCARLATTI
5 Klaviersonaten:
Es-Dur Kirckpatrick 477
G-Dur Kirckpatrick 454
G-Dur Kirckpatrick 455
f-moll Kirckpatrick 466
E-Dur Kirckpatrick 162

ALFONS UND
ALOYS KONTARSKY
BRAHMS
Variationen über ein Thema
von Haydn, op. 56b
MILHAUD
Scaramouche

PAUSE

SHURA CHERKASSKY
CHOPIN
Andante spianato et grande
Polonaise brillante, op. 22
LISZT
Ungarische
Rhapsodie Nr. 13
POULENC
Suite pour piano, C-Dur

Kapitulation und nach einer Zeit der äußerst eingeschränkten Produktion, endlich wieder eine Fabrik mit 8000 Quadratmetern Fläche in Betrieb nehmen. Für den Wiederaufbau waren ERP-Kredite zur Verfügung gestellt worden. Maschinen, Trockenanlagen und viele Werkzeuge wurden neu angeschafft und entsprachen somit dem modernsten Stand. Trotz der Verluste verfügte man noch über Holzvorräte aus den dreißiger Jahren, darunter befanden sich auch das kostbare rumänische Resonanzbodenholz und Stimmstöcke.

Schon knapp zwei Jahre später wurde die Hundertjahrfeier glanzvoll begangen. Der Titaniapalast, der auch den Berliner Philharmonikern mit ihrem damaligen Chefdirigenten Wilhelm Furtwängler in jener Zeit als Konzertsaal diente, war überfüllt, als Wilhelm Backhaus am 21. November 1953 dort ein reines Beethoven-Programm spielte: fünf Sonaten einschließlich der Opus 111 als tiefsinnigem Finale.

In diesen Jahren blieben die Absatzzahlen zwar in verhältnismäßig bescheidenen Dimensionen, doch konnte man unmittelbar an die alten Qualitätsstandards wieder anknüpfen. 1954 kaufte der Dirigent Sergiu Celibidache für seine Wohnung in Mexico City einen Stutzflügel und zeigte sich begeistert. Übrigens wurde 1957 der dritte Bechstein seit Kriegsende nach Japan exportiert; der Käufer war die Firma Yamaha, die den Konzertflügel in ihrer Musikhalle aufstellte.

In Europa war das Vertrauen in die wachsende Wirtschaftskraft so groß, dass der Bechstein-Aufsichtsrat bereits im Oktober 1954 beschloss, eine zweite Fabrik zu bauen. Nur wenige Monate später zeichnete sich durch die Absichtserklärung von Messina die künftige Europäische Wirtschaftsgemeinschaft ab. Als im Oktober 1959 auf dem neu erschlossenen Industriegelände Killisfeld am Rand von Karlsruhe Richtfest gefeiert wurde, war die EWG, die Vorläuferin der heutigen EU, bereits durch die Römischen Verträge Realität geworden.

Die Entscheidung für das Zweigwerk in Karlsruhe – dort verfügte man über eine Produktionsfläche von 1800 Quadratmetern – erwies sich als richtig. Denn durch den Bau der Berliner Mauer im August 1961 war man in der alten Hauptstadt abgeschnitten. Vor allem wurden auch die Arbeitskräfte knapp. In den späten sechziger Jahren erreichte die Zahl der jährlich produzierten Instrumente 1000, gefertigt in Berlin und Karlsruhe; der Gesamtumsatz betrug rund 4,5 Millionen Mark. Sogar noch ein weiterer Standort entstand, in Eschelbronn. Mehr als die Hälfte der Instrumente wurde exportiert. Wer damals einen Bechstein haben wollte, musste mehr als ein halbes Jahr warten.

Erneut erlebte Bechstein so etwas wie eine Renaissance. 1971 spielte Leonard Bernstein bei seiner Deutschlandtournee mit den Wiener Philharmonikern Ravels G-Dur-Klavierkonzert ausschließlich auf einem Bechstein, und einer der ganz großen Virtuosen, Jorge Bolet, bevorzugte grundsätzlich das Berliner Konzertinstrument.

1973 wurde unter der Federführung von Baldwin die Aktiengesellschaft in eine GmbH umgewandelt. Der kaufmännische Vorstand Wilhelm Arndt wurde nach dem Ausscheiden von Max Matthias alleiniger Geschäftsführer. Einerseits fielen nun die wichtigen Entscheidungen in den USA, eben beim Mehrheitsgesellschafter Baldwin. Anderseits eröffnete dies neue

Leonard Bernstein: Komponist, Dirigent – Pianist

Glückwunschschreiben zum 125. Bechstein-Jubiläum von Wilhelm Kempff

Chancen auf dem amerikanischen Markt. Mit einem neu konzipierten Konzertflügel, dem Modell EN, reagierte Bechstein auf die immer größer werdenden Konzerthallen und, wenn man so will, auf ein sich wandelndes Verständnis von Kultur. Nicht zuletzt etliche der großen Jazzpianisten waren von den Möglichkeiten dieses Instruments begeistert, woran sich vielleicht auch absehen lässt, wie sehr sich die Musikkultur seit den Tagen eines Hans von Bülow verändert hatte.

Das Firmenjubiläum 1978 wurde standesgemäß begangen. Man feierte die 125 Jahre Bechstein auf der Insel West-Berlin, wo sich die Verhältnisse einigermaßen normalisiert hatten und wohin ja auch erhebliche Zuschüsse aus Bonn flossen. Es gab gleich mehrere Konzerte – mit dem jungen Christian Zacharias, mit dem Duo Alfons und Aloys Kontarsky und mit dem Tastentitanen Shura Cherkassky.

Als Geschäftsführer Wilhelm Arndt 1984 in den Ruhestand ging, war Bechstein intensiv bemüht, neue Märkte zu erschließen. Es herrschte der Boom der Thatcher-Ära; das schnelle Geld, das an der London Stock Exchange verdient wurde, brachte eine neue Klasse der Luxusverdiener hervor. Doch der Flügel in der großzügigen Eigentumswohnung war nicht mehr das unbedingte »Must« wie in früheren Zeiten. Schon 1986 war die Gesamtgeschäftslage bei Baldwin so schlecht, dass Bechstein verkauft werden musste.

Diesmal wurde es ein radikaler Neuanfang, am ehesten vergleichbar mit jenem Beginn, den 1853 Carl Bechstein gewagt hatte – nur war das Risiko jetzt noch höher. Der 38-jährige Karl Schulze, Klavierbaumeister und Inhaber des Oldenburger Musikhauses »Piano Sprenger«, hatte schon zweimal von Baldwin das Angebot erhalten, die Verantwortung bei Bechstein zu übernehmen. Doch Schulze entschloss sich, dem amerikanischen Eigner Baldwin die Berliner Traditionsmarke ganz abzukaufen, und erarbeitete mit der Dresdner Bank ein Finanzierungskonzept. Im Mai 1986 war der Transfer perfekt. Das Konzept griff; die Reorganisation des Unternehmens gelang innerhalb kurzer Zeit. Karl Schulze zielte mit Bechstein kompromisslos auf das obere Preissegment und hatte Erfolg. Schon nach der Übernahme betonte er in einem Brief an die Händler, Bechstein solle bleiben, »was es – in aller Welt – von jeher war: ein Name mit

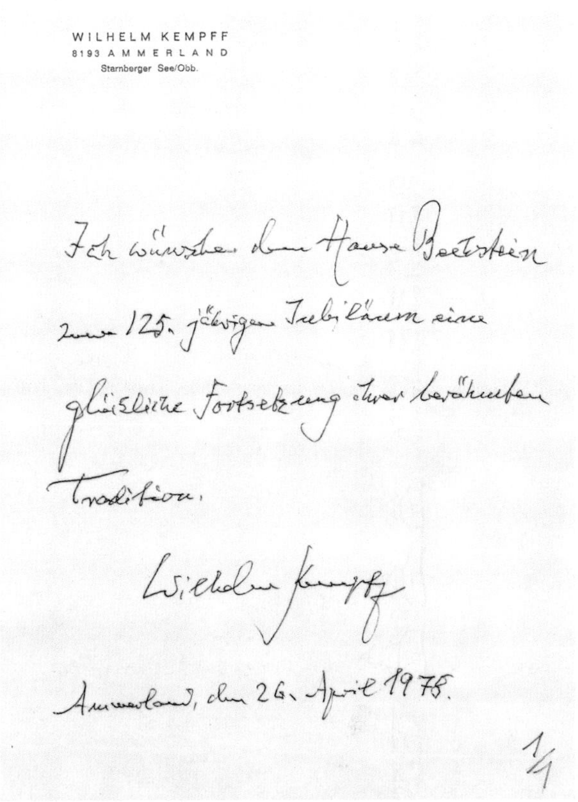
WILHELM KEMPFF
8193 AMMERLAND
Starnberger See/Obb.

Ich wünsche dem Hause Bechstein zum 125. jährigen Jubiläum eine glückliche Fortsetzung ihrer berühmten Tradition.

Wilhelm Kempff

Ammerland, den 26. April 1978.

Klang«. Zur Musikmesse im Frühjahr 1987 präsentierte man das neue Flügelmodell K mit einer Länge von 1,58 Metern. Der Umsatz schnellte von zuletzt elf Millionen Mark auf 14 Millionen hinauf.

Im April 1989 verlässt Bechstein die alte Produktionsstätte in der Reichenberger Straße und zieht in die Prinzenstraße an den Moritzplatz, in die Nähe des Checkpoint Charlie. Die neuen Gebäude sind hochmodern; die Konjunktur nicht schlecht. »Perestroika« und »Glasnost« deuten auf künftige neue Märkte innerhalb eines sich verändernden Ostblocks hin. Der Ostblock verändert sich allerdings weit gründlicher, als man noch 1989 hatte erwarten können. Der Fall der Berliner Mauer im November 1989 läutet ein neues Zeitalter mit unerwartet harten wirtschaftlichen Bedingungen ein.

Zunächst herrscht freilich Optimismus. 1990 übernimmt Bechstein die ehemals Berliner Firma »Euterpe«, ein mittelständisches Klavierbauunternehmen, das sich nach dem Zweiten Weltkrieg im fränkischen Langlau angesiedelt hatte. Zu »Euterpe« gehört seit 1977 auch Hoffmann, ebenfalls eine

1989 zog die Firma Bechstein in ihr neues Gebäude in der Prinzenstraße am Moritzplatz. Das Foto wurde nach der Öffnung der Berliner Mauer am 9. November 1989 aufgenommen

Ende der neunziger Jahre verlegte Bechstein die Herstellung in die modernen Produktionsanlagen nach Seifhennersdorf, einst Gebäude der Firma Zimmermann

Seit 1999 hat das Management der C. Bechstein AG sein Domizil im »stilwerk«, in der Berliner Kantstraße

ehemals Berliner Klavierfabrik, die sich in Langlau niedergelassen hatte. Im gleichen Jahr 1990 aber geht weltweit die Klavierproduktion um rund 40 Prozent zurück.

Dennoch greift Karl Schulze knapp zwei Jahre nach der Wiedervereinigung Deutschlands erneut entschlossen zu. Diesmal erwirbt er die »Sächsische Pianofortefabrik« in Seifhennersdorf in der Oberlausitz, ehemals unter dem Namen Zimmermann einer der größten Hersteller in Deutschland. Seifhennersdorf liegt in einer Region mit bedeutender Instrumentenbau-Tradition. Die Lohnkosten sind niedriger als in Berlin.

Damit sind die Weichen gestellt. Nur der Konjunktur fehlt es an Dampf. Die Märkte im Osten Europas sind zusammengebrochen. Die öffentlichen Mittel in der größer gewordenen Bundesrepublik müssen für die dringendsten Verbesserungen der Infrastruktur in den neuen Bundesländer aufgewendet werden.

Im Juni 1993 muss Langlau schließen. Der Sozialplan belastet das gerade erst reorganisierte Unternehmen, und im gleichen Jahr stellt Bechstein Konkursantrag. Das Echo ist weltweit und außerordentlich. Überall herrscht Sorge, die große Tradition der Bechstein-Instrumente könne beendet sein. Nur der Berliner Senat bleibt unbeeindruckt. Die politische Führung gilt nicht unbedingt als kulturinteressiert. Man plant lieber einen gigantischen Potsdamer Platz, träumt von neuen Hochhäusern und noch höheren Spekulationsgewinnen. Bechstein möchte einfach nur das Grundstück am Moritzplatz veräußern, findet sogar finanzkräftige Käufer. Das Land Berlin aber hat ein vertraglich gesichertes Vorkaufsrecht und entscheidet zunächst einmal – nicht. Erst spät, fast zu spät, entschließt sich Berlin, tatsächlich von seinem Vorkaufsrecht Gebrauch zu machen und das Grundstück zu übernehmen, zum niedrigen Vor-Wende-Preis natürlich.

Es gibt Aktionen pro Bechstein. Ein Konzertflügel wird zum Gesamtkunstwerk, bemalt von Künstlern aus zwölf verschiedenen Ländern. Noch immer weckt »der Bechstein« Emotionen, jetzt vielleicht noch mehr als nur wenige Jahre zuvor. Er ist noch ein Stück von jenem »Spree-Athen«, das sich in der Vorstellung der politischen Führung längst in Boom-Town verwandelt hat.

Programme der Bechstein-Konzerte im Jubiläumsjahr 2003

2003

150 Jahre Bechstein
Highlight-Konzerte mit noch attraktiverem Künstlerprofil und neuen Akzenten – „Junge Elite“ und „Legenden“

BECHSTEIN KONZERTE
im stilwerk Düsseldorf

Im Bechstein Jubiläumsjahr 2003 haben wir neue Akzente gesetzt: hervorragende Pianisten der jungen Generation, Stars von morgen unter dem Etikett „Junge Elite“; große Pianisten bzw. Pädagogen, deren Konzerte und pädagogisches Wirken die internationale Musikwelt über Jahrzehnte geprägt haben, unter dem Etikett „Legenden“.
Dazwischen bieten wir einer Serie außergewöhnlicher pianistischer Persönlichkeiten ein Forum, die sich in keine Schublade pressen lassen, aber jenseits des mainstream große Klavierkunst bieten.

17. Januar 2003	**Ewa Kupiec,** Klavier Werke von Szymanowski, Bacewicz, Paderewski, Chopin
4. April 2003 „Junge Elite“	**Roland Krüger,** Klavier Werke von Mozart, Bartok, Schubert, Schumann
23. Mai 2003 „Junge Elite“	**Susanne Kessel,** Klavier Werke von Beethoven, Mendelssohn Bartholdy, Hovhaness
26. September 2003	**Nikolaus Lahusen,** Klavier Werke von Schubert/Liszt, Liszt, Schubert
17. Oktober 2003	**Rolf Plagge,** Klavier Werke von Bach, Szymanowski, Liszt, Ravel, Chopin
28. November 2003 „Legenden“	**Vitaly Margulis,** Klavier Werke von Schumann, Brahms, Scrjabin

Die Konzerte beginnen um 20 Uhr; Karten: 15 € (erm. 10 €)
Information: C. Bechstein Centrum im stilwerk,
Grünstraße 15, 40212 Düsseldorf; Tel. 0211.86 228 -200
duesseldorf@bechstein.de; www.bechstein.de

Programmänderungen vorbehalten · Mit freundlicher Unterstützung vom stilwerk

2003

150 Jahre Bechstein
Highlight-Konzerte mit noch attraktiverem Künstlerprofil und neuen Akzenten: „Junge Elite“ und „Legenden“

BECHSTEIN KONZERTE
im stilwerk Berlin

Im Bechstein Jubiläumsjahr 2003 haben wir neue Akzente gesetzt: hervorragende Pianisten der jungen Generation, Stars von morgen unter dem Etikett „Junge Elite“; große Pianisten bzw. Pädagogen, deren Konzerte und pädagogisches Wirken die internationale Musikwelt über Jahrzehnte geprägt haben, unter dem Etikett „Legenden“.
Im „Historischen Konzert“ erklingt in einem Programmteil ein selten zu hörendes Werk des 19. Jahrhunderts. Dazwischen bieten wir einer Serie außergewöhnlicher pianistischer Persönlichkeiten ein Forum, die sich in keine Schublade pressen lassen, aber jenseits des mainstream große Klavierkunst bieten.

10. Januar 2003 „Junge Elite“	**Alberto Nosè**, Klavier Werke von Beethoven, Chopin, Berio, Prokofieff
21. Februar 2003 „Junge Elite“	**Alexander Romanovsky**, Klavier Werke von Chopin, Debussy, Ravel, Scrjabin
4. April 2003 „Legenden“	**Vitaly Margulis**, Klavier Werke von Schumann, Brahms, Scrjabin
16. Mai 2003	**Volker Banfield**, Klavier Werke von Scrjabin, Liszt
20. Juni 2003	**Konstantin Lifschitz**, Klavier Werke von Bach, Mendelssohn, Schumann
5. September 2003 „Historisches Konzert“	**Stephan Hohlweg**, Klavier Werke von Chopin, Beethoven arr. Liszt
10. Oktober 2003 „Legenden“	**Lazar Berman**, Klavier Werke von Liszt, Mussorgski *In diesem Rahmen weltweit erstmalige Buchpräsentation der Biographie Lazar Bermans (STACCATO-Verlag)*
21. November 2003 „Junge Elite“	**Florian Uhlig**, Klavier Werke von Mozart, von Weber, Poulenc, Schubert, Lachenmann, Schubert arr. Liszt, Schubert arr. Godowsky

Die Konzerte beginnen um 20 Uhr; Karten: 15 € (erm. 10 €)
Information: C. Bechstein Centrum im stilwerk,
Kantstraße 17 · 10623 Berlin · Tel. 030.315 15 200
info@bechstein.de; www.bechstein.de

Programmänderungen vorbehalten · Mit freundlicher Unterstützung von stilwerk

Das benötigte Geld bringt der zähe Karl Schulze auf andere Art auf. Bechstein wird ohne die Vermittlung von Banken und Beratern wieder Aktiengesellschaft. 1996 glückt die Umwandlung. 40 Prozent des Kapitals werden über die Börse bei privaten Anlegern platziert. Gegen Ende des Jahrtausends investiert man 15 Millionen Mark in moderne Produktionsanlagen in Seifhennersdorf. 1999 zieht Bechstein schon wieder um, diesmal in die Charlottenburger Kantstraße. Dort ist ein neues, hochmodernes Einkaufs-Center entstanden, das »stilwerk«: Glas, Stahl, Beton und Lifestyle. Von den Verkaufsräumen aus ist man in wenigen Schritten in den paar Büros, wo das Herz des Unternehmens schlägt. Die Flügel und Klaviere befinden sich hier in jener Nachbarschaft, die sie auch bei den potenziellen Käufern vorfinden könnten: Designermöbel, moderne Stoffe, Espressomaschinen. Wie ein Museum of Modern Art zum Anfassen wirkt das »stilwerk«, das es mittlerweile auch in Hamburg und in Düsseldorf gibt. Es ist mindestens so sehr Kommunikationszentrum wie Konsumtempel; hier kann man sich treffen, sich anregen lassen, sogar Konzerte besuchen. So ist es konsequent, dass Bechstein mit der rheinischen Niederlassung in Düsseldorf in das dortige »stilwerk« gezogen ist. Inzwischen gibt es an beiden Orten freudig frequentierte Konzertreihen. Die Künstler werden freilich nicht mehr in einem hochherrschaftlichen »Tusculum« bewirtet, sondern beim Italiener um die Ecke.

Die gesamte Palette entsteht in Seifhennersdorf, unterschiedliche Produktreihen für unterschiedliche Käuferinteressen. Der neue große Konzertflügel Modell D wird hier ebenso gebaut wie die Linie der edlen Zimmermann-Pianos, die im mittleren Preissegment angesiedelt sind. Und wer seine Nachbarn schonen will, kann ein »Silent Piano« bestellen, das zwei Klaviere in einem birgt: ein akustisches Instrument und ein E-Piano mit mechanischer Tastatur – Neo-Bechstein, zweite Auflage. Der Jahresumsatz der C. Bechstein AG beträgt zur Jahrtausendwende rund 40 Millionen Mark.

Erneut schreibt Bechstein auch Kulturgeschichte: Die »ProBechstein«-Klaviere definieren die Form des aufrechten Pianos, mit dem Carl Bechstein vor 150 Jahren sein Unternehmen begann, auf eine Weise neu, dass man fast von einer zweiten Erschaffung reden kann: zeitgemäße Eleganz der Konstruktion, Proportionen nach den uralten Regeln des Goldenen Schnitts – das Piano als Denkmodell hoch differenzierten und doch klaren Designs. Ein Instrument, das die Welt eines Lord Norman Foster oder eines Jean Nouvel reflektiert. Das einst so ungefüge, klingende Vertiko hat sich zur Skulptur gewandelt.

Berlin 2003. Geschichte rundet sich nie. Sie ist, wie die Musik, prinzipiell chaotisch strukturiert. Berlin 2003 also: Der Euro ist mehr wert als die Mark und weniger als ein Taler; der Zollverein heißt »Europäische Union«. Und Berlin ist kein Standort, sondern eine Adresse. Es dominiert das Politische. Die Republik ist fast so öde und bürokratisch wie der preußische Staat anno 1853, und jährlich verlassen Tausende das Land, weil sie sich andernorts freier entfalten können. Der Weg des Hauses Bechstein aber bleibt gekennzeichnet durch den steten Willen, über alle historischen Widersprüche hinweg den europäischen Klang, das Tönen der Alten Welt lebendig werden zu lassen, stets neu und doch im Innern jenen Ideen folgend, die ein Carl Bechstein und ein Hans von Bülow, ein Franz Liszt und Ferruccio Busoni, ein Artur Schnabel und ein Wilhelm Backhaus – jeder auf seine persönliche Weise – weitertrugen.

Bechstein ist sicher eins der allerbesten Klaviere, die gegenwärtig gebaut werden, und vor allem charakterisiert durch die edle Tonfülle, süß und gleichwohl erhaben.
Wilhelm Furtwängler

Bechstein ist die Erfüllung für Hand und Ohr.
Artur Schnabel

Die Schönheit und unendliche Modulationsfähigkeit des Tones sowie die außerordentliche angenehme Spielart befähigen den Künstler, das wiederzugeben, was er im Grunde seines Herzens fühlt. Mit einem Wort, das Bechstein-Instrument ist und bleibt die Vollkommenheit, das Ideal des Künstlers.
Leopold Godowsky

Der wunderbare edle Ton, seine ideale Spielbarkeit, zusammen mit dem unvergleichbaren Anschlag des Bechstein-Flügels haben mich immer mit Begeisterung erfüllt. An diesem Instrument sollte ein Künstler in der Lage sein, das Höchste an Perfektion zu erlangen.
Sergei Rachmaninow

Zeitzeugen

Heinrich Neuhaus und Boris Pasternak »In Kiew, im Sommer 1920, sind Heinrich und ich zum Strand gegangen, wo Heinrich ein starke Sonnenverbrennung der Haut erlitt, mit hohem Fieber, und knapp dem Tod entgangen ist. Anderthalb Monate musste er anschließend im Bett bleiben. Sobald die Ärzte zustimmten, dass Heinrich aus dem Hause gehen durfte, wurde ein Konzert arrangiert, was in der damals elenden Nachkriegszeit für uns die einzige Einnahmequelle darstellte. Heinrich sollte das 2. Klavierkonzert von Franz Liszt spielen. Heinrich war noch nicht ganz genesen, zugleich war ihm die (finanzielle) Notwendigkeit für das Konzert sehr bewusst. Ich wollte ihm (in der Situation) unbedingt helfen. Am Konzerttag bin ich frühmorgens zum Markt gegangen und habe dort meinen einzigen Koffer verkauft. Dann bin ich zu unseren Bekannten gegangen, die einen wunderschönen Bechstein-Flügel hatten. Im Gegensatz zu dem Flügel im Kiefer-Konservatorium hat Heinrich auf dem Bechstein sehr gerne gespielt. Ich fragte unsere Freunde, ob sie gestatten würden, dass ich den Flügel für das Konzert ins Konservatorium bringe lasse. Sie waren nicht begeistert, aber haben es mir doch erlaubt. Ich besorgte einen Wagen mit Pferd und die entsprechenden Transportleute. Die Gelder, die ich für meinen Koffer bekommen hatte, reichten, um den Flügeltransport zum und vom Konservatorium zu bezahlen. Am Abend, als wir zum Konzert fuhren, sagte Heinrich mehrmals, dass er auf einem guten Flügel das Konzert trotz seines Zustands gut spielen könnte, aber auf dem ›Kochtopf‹ im Konservatorium wäre das kaum machbar … Nach dem ersten Akkord erkannte er den Klang seines geliebten Bechstein-Flügels. An diesem Abend hat er so gut wie nie zuvor gespielt. Als er anschließend entdeckt hatte, dass ich den Transport des Flügels ermöglicht hatte, war er derart bewegt, dass er beinah zu weinen angefangen hätte.«*

1922 wurde Heinrich Neuhaus (1888–1964) Professor am Tschaikowsky-Konservatorium in Moskau. Zu den großen Pianisten und Musikern, die er unterrichtete, gehörten auch Emil Gilels und Swjatoslaw Richter. Neuhaus besaß zwei Bechstein-Flügel, von denen einer heute im Boris-Pasternak-Museum in Peredelkino bei Moskau steht. Dieser Flügel verbindet zwei große Familien – Neuhaus und Pasternak –, die die russische Kulturgeschichte deutlich geprägt haben. Aber auch über die berühmten Namen Pasternak und Neuhaus hinaus ist der Bechstein-Flügel an seinem heutigen Standort ein bedeutendes, wenn nicht tragisches Stück russischer Geschichte und Politik des 20. Jahrhunderts geworden.

Heinrich Neuhaus und Boris Pasternak (1890–1960) verband eine enge Freundschaft. Auch Pasternak war zunächst der Musik zugetan. Boris Pasternaks Mutter war eine professionelle Pianistin, die ihre Karriere für die Familie aufgegeben hatte, der Vater, Leonid Pasternak, ein bekannter russischer Maler. Zu den engsten Freunden der Familie gehörte der Komponist Alexander Skrjabin. »Am meisten in dieser Welt habe ich die Musik geliebt, und in der Musik habe ich am meisten Alexander Skrjabin geliebt … Ich konnte mir kein Leben außerhalb der Musik vorstellen«, schrieb Boris Pasternak in seiner Autobiographie.

Boris Pasternak war selbst ein hervorragender Klavierspieler, und parallel zum Gymnasium in Moskau belegte er am Peter-Iljitsch-Tschaikowsky-Konservatorium in Moskau das Fach Komposition. Er komponierte im Alter zwischen 15 und 19 Jahren zwei Präludien und eine Sonate für Klavier, und der Erste, dem Pasternak seine Werke präsentieren wollte, war Alexander Skrjabin. Noch auf dem Weg zu Skrjabin dachte er: »Sollte er mein Werk loben, aber das Gespräch auf Tschaikowsky umleiten, vergesse ich die Idee, Musiker zu werden.« Und genau so geschah es. Aber auch wenn Pasternak schließlich ein großer Dichter und Schriftsteller wurde, nahm er jede Gelegenheit war, Klavier zu spielen, selbstverständlich auch für Gäste und Freunde.

1931, vier Jahre nachdem Sinaida und Heinrich Neuhaus ihren zweiten Sohn Stanislaw bekommen hatten, verließ Sinaida ihren Mann und heiratete Boris Pasternak, seinen engen Freund. Selbst das konnte jedoch die tiefe Verbindung zwischen Heinrich Neuhaus und Boris Pasternak nicht zerstören.

Die Pasternaks richteten ab 1936 ihren ständigen Wohnsitz in Peredelkino ein. Der Ort war in den dreißiger Jahren vom sowjetischen Schriftstellerverband als Erholungs- und Wohngebiet angelegt worden, in dem sich den Schriftstellern und Dichtern ein kreatives Umfeld bot. Unter den regelmäßigen

Links: Heinrich Neuhaus

Rechts: Boris Pasternak

Gästen im Hause Pasternak waren berühmte Persönlichkeiten wie Swjatoslaw Richter und seine Frau, die Sängerin und Professorin Nina Dorliak; Maria Judina, die Pianistin und Professorin des Moskauer Konservatoriums; und selbstverständlich Heinrich Neuhaus.

Auch Stanislaw Neuhaus besuchte seine Mutter und Boris Pasternak regelmäßig in Peredelkino und lebte teilweise bei ihnen. Besonders nach Boris Pasternaks Tod 1960 verbrachte er immer mehr Zeit in dem Haus in Peredelkino. Stanislaw Neuhaus war ein berühmter Pianist und Pädagoge geworden und übernahm nach dem Tod seines Vaters 1964 zusammen mit dessen Assistenten Lew Naumow Heinrich Neuhaus' Klasse im Moskauer Konservatorium.

Wahrscheinlich 1968 ließ Stanislaw Neuhaus den Bechstein-Flügel seines Vaters nach Peredelkino bringen, wo er bis zu seinem Tode 1980 lebte und arbeitete. Freunde des Hauses und Nachbarn berichten, das er manchmal nächtelang auf dem Bechstein-Flügel spielte.

Am 10. Dezember 1958 war Boris Pasternak der Nobelpreis zugesprochen worden, den er jedoch unter dem Druck der sowjetischen Regierung zwei Tage später per Telegramm abgelehnt hatte. Trotz der Ablehnung wurde Pasternak in seiner Heimat wegen »antisowjetischer Stellungnahme« aus dem Schriftstellerverband ausgeschlossen. 1984 wurde per Gerichtsbeschluss entschieden, das Haus des Landesverräters Pasternak in Peredelkino zu räumen und alles, was ihm gehört hatte, aus dem Haus zu entfernen. So wurde am 14. November 1984 der gesamte Hausrat durch die Fenster auf die Straße geworfen – bis auf den Bechstein-Flügel, der dafür einfach zu groß war. Die beauftragten Arbeiter versuchten daraufhin, den Flügel über die Treppe hinauszutransportieren, doch er fiel und brachte dabei einen lautes »Stöhnen« hervor, das in ganz Peredelkino zu hören war. In den westlichen Medien wurde das Stöhnen des Bechstein-Flügels zum Symbol der damaligen geistigen Diktatur stilisiert. Den Flügel ließ man fürs Erste in dem leeren Haus stehen.

Verwandte und Freunde von Boris Pasternak fanden 1985 eine Möglichkeit, den Bechstein in den Werkstätten des Bolschoitheaters gründlich reparieren zu lassen. Aus Angst, er könne nach seiner

Reparatur in fremde Hände gelangen, wurde dafür gesorgt, dass die Reparatur so lange wie möglich dauerte. Es waren in der Tat über zweieinhalb Jahre. Danach brachte man ihn in Pasternaks Stadtwohnung unter. Nach der Rehabilitierung Boris Pasternaks in der Gorbatschow-Ära wurde endlich beschlossen, sein Haus in Peredelkino in ein Museum zu verwandeln. Das Pasternak-Museum wurde 1990, genau 30 Jahre nach dem Tod des Dichters, eröffnet. So konnte auch der Flügel dorthin zurückkehren, und heute wird wieder regelmäßig auf dem Bechstein musiziert.

Der Flügel stammt aus dem Jahre 1910/1911, wie Natalia Pasternak, die Kuratorin des Museums, berichtet. Die Nummer des Flügels ist leider im Laufe seiner Geschichte unkenntlich geworden. Auf der Rast jedoch findet sich die Arbeitsnummer 38276, die Modellbezeichnung auf der Platte ist »D«.

*Aus dem Buch »Erinnerungen« von Sinaida Pastemak, ehemals Neuhaus. Sinaida Neuhaus war damals 19 Jahre alt, ebenfalls Pianistin, und hatte bei Heinrich Neuhaus studiert.

Michail Ippolitow-Iwanow und Bechstein Michail Ippolitow-Iwanow (1859–1935) wurde 1893 vom Moskauer Konservatorium eingeladen, die Professur für Musiktheorie zu übernehmen und Leiter sowie Dirigent der Opernklasse zu werden. Ippolitow-

Iwanow war in Russland und Georgien ein sehr bekannter und geschätzter Operndirigent. Gleichzeitig bekam seine Frau, der Opernstar Warwara Sarudnaja (1857–1939), den Posten als Leiterin der Gesangsklasse des Konservatoriums. Der Komponist und seine Familie richteten sich in einer Wohnung im Gebäudekomplex des Konservatoriums ein, dessen Rektor er 1906 werden sollte. Ungefähr 1915 erhielt Ippolitow-Iwanow den Bechstein-Flügel mit der Herstellungsnummer 94511. Der 1910 erbaute Flügel war von da an Zeuge und Teilnehmer der im Hause stattfindenden Konzerte und Opernvorstellungen. Auch Musikstunden erteilte Ippolitow-Iwanow den Studenten oft in seiner Wohnung, am Bechstein-Flügel, statt in den Räumen des Konservatoriums. Einer seiner Schüler, der Komponist Sergei Wassilenko (1872–1956), erinnert sich: »Die Wohnung im Konservatorium schien mir wie ein Kulturzentrum, wo … man eine Menge interessanter Menschen kennen lernen konnte: einen armenischen Aschug-Sänger, einen norwegischen Komponisten … einen russischen Maler oder eine mexikanische Sängerin.«

1917 gründeten Ippolitow-Iwanow und seine Frau die Opernschule »Peter Tschaikowsky«. Auch wenn die Schule offiziell registriert war, hatte sie keine eigenen Räume und wurde daher direkt in der Wohnung des Komponisten untergebracht. Dort fanden Proben und Vorstellungen mit dem Bechstein-Flügel statt. Das Opernstudio florierte sieben Jahre lang und bildete im Laufe der Zeit ein umfangreiches Repertoire aus. Hier wurden zur Aufführung gebracht: »Aida«, »Faust«, »Der Bajazzo«, der II. und der IV. Akt aus »Rigoletto«; russische Opern wie »Eugen Onegin«, »Die Pantöffelchen« und der II. Akt von »Pique Dame« von Tschaikowsky, »Russalka« von Dargomyschski, »Die Zarenbraut« von Rimski-Korsakow, »Boris Godunow« von Mussorgski, »Der Dämon« von Rubinstein, »Asja« von Ippolitow-Iwanow selbst. Aus vielen der Zöglinge der Schule wurden berühmte Sänger und Pädagogen am Bolschoitheater und an der Moskauer Russischen Privatoper von Sawwa Mamontow.

Der Bechstein-Flügel von Ippolitow-Iwanow befindet sich heute im Haus des Sängers Fjodor Schaljapin (1873–1938), das zum Zentralen Staatlichen Museum der Musikkultur gehört, dem das Instrument 1949 vom Moskauer Konservatorium geschenkt wurde.

Lenin, Gorki und Bechstein Im Gorki-Museum in Nischni Nowgorod (ehemals Gorki) steht ein Bechstein-Flügel, der während des Treffens zwischen Wladimir Lenin und Maxim Gorki im Oktober 1920 eine besondere Rolle gespielt hat. Bei diesem Treffen war auch der bekannte Pianist Issai Dobrowein zugegen. Am Abend spielte Dobrowein – so die Erinnerung von Maxim Gorki – auf dem Bechstein-Flügel die Sonate »Appassionata« op. 57 von Ludwig van Beethoven. Nach Ende des Vortrags rief Lenin begeistert: »Das ist übermenschliche Musik.« Sein Ausruf wurde später in allen sowjetischen Lehr- und Geschichtsbüchern zitiert, in denen die Begegnung zwischen Lenin und Gorki eine wichtige Rolle spielte. Lenins Bemerkung hat darüber hinaus dazu beigetragen, dass Beethovens Musik überall in der Sowjetunion bekannt und geliebt wurde. 1963 wurde sogar ein Film »Appassionata« gedreht. Am Flügel saß Rudolph Kehrer.

Der Pianist Dobrowein schrieb übrigens in seinen Memoiren, dass er an jenem Abend nicht die »Appassionata«, sondern die »Pathétique« gespielt habe.

Links: Sergei Rachmaninow, Gemälde von Boris Schaljapin (1940)

Rechts: Alexander Goldenweiser

Rachmaninow und Bechstein Bei der Premiere des zweiten Klavierkonzerts von Sergei Rachmaninow am 27. Oktober 1901 in Moskau ist auf der Konzertanzeige, die im Zentralen Staatlichen Museum für Musikkultur in Moskau aufbewahrt wird, zu lesen: »Der Flügel von der C. Bechstein Pianofortefabrik wurde für das Konzert von der Fa. Herrmann und Grossmann geliefert.« Auch viele Jahre später war das Verhältnis zwischen dem großen Komponisten und Pianisten und der Berliner Pianofortefabrik sehr freundschaftlich:

An Rachmaninow 21. Mai 1928

Höchstgeehrter Maestro und Freund!
Wir haben durch unseren Herren Lindler Ihre Adresse endlich erfahren. Deshalb erlauben wir uns, Ihnen heute zu schreiben und mitzuteilen, daß wir an Sie zusammen mit diesem Brief ... das numerierte Exemplar der illustrierten Ausgabe des Buches schicken, das anläßlich des 75sten Jubiläums der Firma Bechstein herausgegeben wurde. Die Auflage des Buches betrug 15 000 Exemplare, und es hat eine Nachfrage in der ganzen Welt gefunden. Wir haben für einige alte und neue Freunde unserer Firma 200 numerierte Exemplare ausgesucht, und eines davon schicken wir an Sie, mit der Hoffnung, Ihnen eine kleine Freude zu bereiten ... Wir haben durch die Konzertdirektion von Wolf und Sachs erfahren, daß Sie Europa in der nächsten Saison mit Ihrer großen Kunst wieder beglücken werden und daß Sie, wie auch in den vergangenen Jahren, die Absicht haben, Instrumente unserer Firma zu spielen. Wir haben natürlich keine Notwendigkeit, Sie davon zu überzeugen, daß Bechstein-Flügel auch heute einen reinen, hellen leuchtenden Ton beibehalten haben und unzählige Freunde in der ganzen Welt haben, obwohl wir – leider – wegen der hohen Zollgebühren bis heute keine Möglichkeit haben, zu ihrem Vertrieb in den USA beizutragen. Vielleicht würden Sie so liebenswürdig sein uns mitzuteilen, ob wir in der kommenden Saison auf die Möglichkeit rechnen können, Ihnen unsere Instrumente zur Verfügung zu stellen, damit wir schon jetzt entsprechende Maßnahmen ergreifen und allen Anforderungen gerecht werden könnten. In der Hoffnung, bald eine Nachricht von Ihnen zu bekommen, richten wir an Sie einen Gruß mit allem Respekt und aller Freundschaft.

An Bechstein

Geehrter Freund!
Erst heute habe ich die Möglichkeit, Ihren liebenswürdigen Brief zu beantworten und Ihnen für die Zusendung des Buches von Bechstein zu danken. Selbstverständlich werde ich mit großem Vergnügen in Deutschland Ihre Flügel spielen, weil ich sie immer für erstklassige und ideale Instrumente hielt. Das einzige, was mich besorgt, ist die Tatsache, daß ich diese Instrumente seit 10 Jahren nicht gespielt habe ... Deshalb verschiebe ich die Ent-

scheidung dieser Frage auf September, da ich beabsichtige, nach Berlin zu kommen, und dort noch einmal die Möglichkeit haben werde, diese Flügel auszuprobieren. Ich hoffe, Sie persönlich im September begrüßen zu können. Verbleibe ergebenst Ihr S. Rachmaninow

Für das Konzert am 19. Mai 1928 in London wählte Rachmaninow einen Bechstein-Flügel aus. Am 9., 11. und 12. November gab Rachmaninow Konzerte in Berlin.

Goldenweisers Instrument Alexander Goldenweiser (1875–1961), der bekannte russische Pianist und Begründer der russischen Klavierschule, besaß zwei Bechstein-Flügel: einen großen Salonflügel Nr. 35 346, hergestellt 1894 (2,25 m lang), sowie den Stutzflügel Nr. 107 524 von 1912/13 (1,89 m lang). Den Salonflügel hatte er im Jahr 1895 von Verwandten für seinen glänzenden Abschluss am Moskauer Konservatoriums geschenkt bekommen, den Stutzflügel 1905 bei Frau Diederichs in Moskau, der Vertreterin der Firma Bechstein in Russland, auf Teilzahlung gekauft.

Großes Interesse hatte Alexander Goldenweiser an der Musikgeschichte und so sammelte er all das, was mit der Historie der russischen Musik und dem zeitgenössischen Musikleben in Verbindung gebracht werden konnte. Schon zu Lebzeiten glich sein Haus einem Museum. Dieses Haus war zugleich Heimat für Musikinteressierte, für Kollegen, Studenten, Musikliebhaber. Hier fanden auch regelmäßig Musikabende, Konzerte oder Voraufführungen neuer Werke statt. Berühmten Persönlichkeiten wie Alexander Skrjabin, Nikolai Medtner, Konstantin Saradschew, Reinhold Glier, Georgi Katuar nahmen daran teil.

Auch Sergei Rachmaninow war hier während seiner Moskauer Zeit häufig zu Gast. Rachmaninow und Goldenweiser studierten im Moskauer Konservatorium in der Klasse vom Alexander Ziloti, dem bekannten Pianisten und Schüler von Franz Liszt. Nach dem Studium traten sie einige Male gemeinsam in Konzerten auf und spielten Werke für zwei Klaviere.

Zahlreiche Dokumente und Briefe künden von der engen Zusammenarbeit beider.

So schrieb Rachmaninow in einem Brief vom 17. Februar 1901 an Goldenweiser:

»Ich schicke Dir, Alexander Borisowitsch, drei Teile meiner neuen Suite für zwei Klaviere. Ich bitte Dich sehr, sie mit mir zu spielen. Sei so lieb, Deinen Part vor unserer Probe durchzusehen. Ich kann heute um 9 Uhr abends zu Dir kommen. Hast Du Zeit? Und schaffst Du es mit dem Durchsehen?«* Diese Suite (N 2 op. 17) widmete Rachmaninow Goldenweiser.

Viele der Schüler Goldenweisers spielten an den Bechstein-Flügeln, darunter so bekannte Pianisten wie Tatjana Nikolajewa und Samuil Feinberg, Grigori Ginsburg und Oxana Jablonskaja, Lazar Berman, Dmitri Baschkirow und Boris Petruschanski. Noch heute, 120 Jahre nachdem der erste Bechstein-Flügel in dem heutigen Museum aufgestellt wurde, spielen auf diesen Instrumenten junge talentierte und auch bereits berühmte Pianisten.

* S. Rachmaninow. Briefe. Moskau, 1955, S. 197

Ich schätze mich glücklich, im Zeitalter der Bechsteine zu leben.
Wilhelm Kempff

Die technische Vollkommenheit der Bechstein-Flügel stempelt dieses Fabrikat zum Hervorragendsten, was auf dem Gebiet der Klavierkunst geschaffen worden ist. Die Bässe sind Orgelton, der Diskant Glockenklang. Bechstein for ever.
Emil von Sauer

Fast scheint es mir, als ob die Bechstein-Flügel letzthin in einer noch gesteigerteren Pracht erständen; und sie galten mir schon früher als ein vollkommenes Kunstwerk.
Ferruccio Busoni

Ein Leben mit Bechstein – **Mattheus Smits und Jorge Bolet**

Wer von dem verwehten Parkplatz im nordholländischen Krommenie, wo sich an den Garagentüren die Herbstblätter häufen, in das Studio von Mattheus Smits kommt, betritt eine andere Welt. Hier haben die Dinge ihren festen Platz. Die pastellfarbenen Römerkelche in einer Vitrine des eichenen Wandschranks, die Ohrensessel, Modelldampfmaschinen, Metronome, die Schale mit den russischen Karamellbonbons, die Uhren auf dem Schreibtisch, eine weiße, in Kunststoff gegossene Hand, die kupfernen Gaslampen, in denen Glühbirnen brennen – sie zeugen unmissverständlich von einer Ordnung, zu der auch die samtenen weißen Rosen in einer Wedgwood-Vase, die Pfauenfedern, ein vergilbter Globus und die Schachuhr gehören. An erhöhter Stelle thront der spiegelnde schwarze Mittelpunkt dieses kleinen Universums, der Flügel, ein Bechstein Modell E. An den Wänden hängen Schwarz-Weiß-Fotos von Pianisten: Moriz Rosenthal, Josef Hofmann, Jorge Bolet, Ignaz Friedman, auch von solchen, die zugleich Komponisten waren: Ferruccio Busoni, Sergei Rachmaninow, Leopold Godowsky. Am anderen Ende des Zimmers erhebt sich, quasi als Gegensonne zum Flügel, der mannshohe Kabinettschrank mit Dutzenden, nein: Hunderten sorgfältig geordneter Stapel Partituren. Eine Kulisse, in der jeden Augenblick Anton Tschechows »Iwanow« beginnen könnte. Ein Interieur, das auf die geübte Hand eines Malers aus dem siebzehnten Jahrhundert zu warten scheint. Eine intensive Stille, in der, wenn der Bechstein zu klingen beginnt, Musik erschaffen wird.

»Dieses Kleinod«, sagt Mattheus Smits mit einem Augenzwinkern, während er in Richtung des Flügels nickt, »wäre bereits eine Kostbarkeit, wenn sein Wert nur auf seinen bautechnischen Qualitäten beruhen würde. Aber der Flügel ist durchtränkt von den Ideen Bechsteins, und seine Größe hört man durch alles hindurch, auch durch ein unvollkommenes Instrument wie meines, das nach 85 Jahren intensiven Gebrauchs reif für eine Restauration ist.«

Es war Liebe auf den ersten Blick. Vor zwanzig Jahren ging Mattheus Smits, ganz von dem Gedanken an die Anzeige für einen Konzertflügel von Bechstein erfüllt, in eine Kirche in der Amsterdamer Spuistraat. Er setzte sich an das zum Kauf angebotene Instrument, spielte ein paar Akkorde, und es war um ihn geschehn. Wie war das möglich? Er schweigt lange. »Nun … eigentlich kann ich das nur mit einem Zitat beantworten, das ich irgendwo gelesen habe: ›Es gibt Wirklichkeiten, die man nur versteht, wenn man sie liebt.‹«

Der Flügel war etwa im Jahr 1920 in Berlin gebaut worden. Er gelangte bei dem renommierten Amsterdamer Musikalienhändler Kettner & Duwaer zum Verkauf und diente Jahre später Wilhelm Backhaus als Studienflügel für seine Konzerte in den Niederlanden.

In Kürze kommt der Flügel nach Berlin zurück, nach Kreuzberg in die Prinzenstraße, in den Stadtteil, wo er einst gebaut worden war und nun restauriert werden soll. »Es ist ungewöhnlich, dass ein Klavierbauer eine eigene Restaurationsabteilung hat. Bei Bechstein ist man dazu in der Lage, den alten Instrumenten mit Hilfe der ursprünglichen Materialien und der ehemals verwendeten Einzelteile, beispielsweise für die Mensur, einen neuen Glanz zu verleihen. Bechstein hat in seiner Werkstatt noch Resonanzböden aus den zwanziger Jahren. Dass die Restauration in demselben Ort ausgeführt wird, an dem vor 85 Jahren der Flügel gebaut wurde, ist einzigartig«, sagt Mattheus Smits.

Der Musikpädagoge sieht der Restauration mit Spannung entgegen. »Es geht nicht darum, ob es gelingen wird, das steht außer Frage. Es ist das aufregende Bewusstsein, dass ich mit meinem Flügel einer neuen Zukunft entgegengehe. Das Instrument hat mir aufgrund seines Alters und der Ideen, nach denen es gebaut worden ist, immer Respekt abverlangt. Jetzt liegt seine Zukunft viel stärker in meinen Händen.«

Seit den ersten Tönen auf einem Klavier war Smits von Bechstein fasziniert gewesen. Im holländischen Limburg aufgewachsen, streifte er als Junge durch alle Musikalienhandlungen in Maastricht, Aachen und Lüttich. In der Musikschule von Heerlen wurde das junge Talent zu seinem Glück im Saal mit dem Bechstein unterrichtet. »Ich fühlte eine starke Vertrautheit mit ihm«, sagt Smits heute. »Und das Gefühl, das ich als Kind hatte, diese Freude, die ist nie verschwunden, die kann ich immer wieder aufs Neue empfinden. Bemerkenswert ist der transparente

Klang. Ein Bechstein-Flügel ist dem Spieler gegenüber unendlich freundlich. Er hat eine natürliche Mechanik, die es dem Spieler erlaubt, genau den Ton zu Gehör zu bringen, den er haben will. Und man braucht für den musikalischen Ausdruck in den beiden Extremen, dem Fortissimo und dem Pianissimo, nicht besonders stark zu arbeiten.«

Die Grundidee Bechsteins sieht Mattheus Smits in dem Streben nach Harmonie zwischen dem Spieler und seinem Instrument. »Bechstein hat in einer Zeit, Mitte des 19. Jahrhunderts, mit seiner Arbeit begonnen, als gerade eine starke Entwicklung im Klavierbau einsetzte. Die Bauweise war auf die neue Musik und auf den modernen Spieler abgestimmt: Welches Instrument braucht man, um die neuen musikalischen Ideen zu verwirklichen? Es gab einen engen Kontakt zu den Pianisten. So spielte Hans von Bülow die Weltpremiere der ›Sonate in h-Moll‹ von Franz Liszt auf dem ersten von Bechstein gebauten Konzertflügel. Und das ist eine Konstante geblieben im Hause Bechstein: Man schaut nicht nur auf die fachtechnischen Erfordernisse, sondern auch auf den Spieler. Letztlich muss der sich an seinem Instrument wohl fühlen.«

Bechstein kann sich einer glorreichen Vergangenheit rühmen. Die Meisterpianisten zeigten uneingeschränkte Begeisterung für die Konzertflügel des Berliner Klavierbauers. Von Wilhelm Backhaus, der auf Smits Flügel gespielt hatte, ist beispielsweise die Aussage überliefert: »Mit Freuden bekenne ich mich als begeisterter Anhänger der herrlichen Bechstein-Flügel.« Doch Bechstein beruft sich nicht nur auf die Vergangenheit, sagt Smits. »Tradition blickt immer in zwei Richtungen, in die Vergangenheit und von dort aus in die Zukunft. Bechstein war einer der ersten Fabrikanten mit elektronischen Elementen in einem Klavier. Die Neo-Bechstein-Flügel wurden gemeinsam mit der Firma Siemens hergestellt. Als Spitzenfabrikanten untersuchen sie zurzeit die Möglichkeiten zur Herstellung von Silent-Instrumenten. Natürlich kann man sich aus künstlerischen und pädagogischen Gründen fragen, ob diese eine echte Alternative zum akustischen Piano darstellen. Aber es ist nun einmal eine Tatsache, dass sie für viele Menschen, beispielsweise für solche, die in großen Etagenhäusern wohnen, das aktive Erleben von Musik erst möglich machen.«

Als das Haus Bechstein in den siebziger Jahren des 20. Jahrhunderts seinen neuen Konzertflügel EN mit einem Konzert von Jorge Bolet in der Berliner Philharmonie einweihte, saß Mattheus Smits auf Einladung des Maestros im Saal. »Während des Dinners nach dem Konzert lernte ich Edwin Bechstein kennen. Es war beeindruckend, sich mit jemandem zu unterhalten, der mehr als hundert Jahre Klavierbau repräsentierte. Er war ein Monument. Ein äußerst intelligenter Mann, einnehmend im Umgang, zugleich aristokratisch.«

Einige Jahre vorher hatte ein seltsamer Zufall Bolet und Smits miteinander in Kontakt gebracht. Mit einer gewissen Skepsis wegen der überschwenglichen Ankündigung hatte Smits ein Konzert mit Jorge Bolet in Arnhem besucht. »Meine Vorbehalte verschwanden schnell. Ich war zutiefst beeindruckt von seinem Spiel. Daher erzählte ich Johan Ligtelijn, meinem Klavierlehrer, von dem Konzert, und es zeigte sich, dass er Jorge Bolet sogar persönlich kannte. Mehr noch, sein Bruder wohnte in Amerika in nächster Nachbarschaft von Bolet und organisierte dessen Konzertreisen. Nach dem Konzert in Arnhem sollte Bolet im Concertgebouw in Amsterdam spielen. Ligtelijn ermunterte mich, Bolet noch vor Beginn dieses Konzerts in seinem Hotel aufzusuchen.«

Einige Tage darauf ging Mattheus Smits ins Park Hotel, um Jorge Bolet die Grüße seines Lehrers zu übermitteln. Dieser Besuch sollte mehrere Stunden dauern. »Wir unterhielten uns über alles Mögliche, über die Technik des Spiels, über Bechstein, über bekannte und weniger bekannte Pianisten, Leopold Godowsky, Moriz Rosenthal, Abram Chasins, Josef Hofmann, Sergei Rachmaninow, eine unendlich lange Reihe.«

Es war der Beginn einer Freundschaft, die über zwanzig Jahre dauern sollte. »Ich bin mit Jorge Bolet in der ganzen Welt gewesen. Bis fünf Minuten vor dem Konzert blieb ich im Solistenzimmer. Er gab mir seine Armbanduhr und alles, was er in den Taschen hatte, bis auf seinen Kamm. Immer sprachen wir über Musik, darüber, wie wichtig ein liebevoller Anfang des Musikunterrichts ist – Bolet selbst hatte die Grundlagen des Klavierspiels bei seiner Schwester gelernt –, über die Treue gegenüber der Partitur und über die Pflicht, das weiterzugeben, was man von seinen Vorgängern hat lernen dürfen. Bolet hat immer auf einem Bechstein gespielt. Auf diesem Flügel konnte er mit der geringsten Energie das optimale Resultat, so, wie er es wünschte, erreichen. Und das genoss er. Für sein Künstlertum war dies ein wichtiger Punkt. Alles, was er tat oder was er im Musikalischen wollte, ob es musikalische Glanzleistungen wie die Etüden von Frédéric Chopin, die Herausforderungen einer Beethoven-Sonate oder das Klavierkonzert von Joseph Marx waren, es musste leicht gehen. Das soll nicht heißen, dass es einfach war oder dass Bolet es als einfach empfand. Es ist erstaunlich, aber ich habe während der ganzen Zeit nie erlebt, dass Bolet üben musste. Ich finde es noch immer unbegreiflich. Wenn er hätte üben müssen, wäre es wieder schwierig geworden. Wohl erarbeitete er sich die Stücke, studierte er sie, aber das ging auf geistigem, mentalem Wege, er plagte sich nicht an einem Instrument ab. Er dachte über die Partitur nach, über interpretatorische Lösungen, die seiner eigenen musikalischen Entwicklung entsprachen. Das Ausprobieren dieser Lösungen geschah während der Konzerte, und das machte sie so unnachahmlich spannend. Da er nicht am Instrument selbst zu arbeiten brauchte, konnte er sich optimal auf das Durchdringen der Partituren konzentrieren, darauf, wie er dem Publikum die Musik übermitteln wollte.«

Smits rühmt Bolet als den letzten Pianisten aus der großen romantischen Tradition des Pianospiels. Als Erben der Musiker, die ihre eigene Identität in einem unbedingten Streben nach Schönheit zu kultivieren verstanden. Smits erhebt sich aus seinem Ohrensessel, geht zum Wandschrank, blättert in einigen Büchern und liest dann ein Zitat von Jorge Bolet vor. Darin spricht der Meister über das Prädikat »oldfashioned«, mit dem sein Spiel charakterisiert worden sei. Er ist stolz auf diese Feststellung, denn einst, so meint er, würden seine Interpretationen als eine verloren gegangene Beherrschung des Pianospiels erkannt werden. »Und genau das geschieht zurzeit«, sagt Mattheus Smits. »Wir beobachten eine neue Würdigung der Interpretationen Jorge Bolets. Die Aufnahmen werden in hohen Auflagen neu herausgebracht.«

Smits eindrucksvolle Gestalt steht vor dem Wandschrank mit den pastellfarbenen Römern, den Komponistenbiografien und der weißen Kunststoffhand. Es ist die linke Hand von Jorge Bolet. »Der Abguss ist schon früh in seinem Leben angefertigt worden. Es ist ein Geschenk der Erben nach Bolets Tod.«

Die Pyramide der Klavierspieler darf in der Spitze mit den gefeierten Konzertpianisten schmal sein, die Basis darunter aber muss breit sein, das ist die Überzeugung von Mattheus Smits. »Ohne Amateure kann es auch im Fußball keine Elite geben. In den großen Zeiten der berühmten Pianisten stand in jedem Haus ein Klavier. Die Pyramide war nicht nur sehr hoch, sondern auch sehr breit. Spätestens seit dem Zweiten Weltkrieg wird die Basis von der Tendenz her immer schmaler.«

Smits arbeitet gern an der Basis. Sein großes Interesse gilt dem Unterrichten von Laien – Kindern und Erwachsenen – und Musikliebhabern. Um die Unterrichtspraxis auch für die Zukunft zu garantieren, hat er Ende der neunziger Jahre gemeinsam mit dem Bechstein Centrum Benelux in den Niederlanden eine neues System für die Unterrichtsstunden eingeführt. Die Schüler kaufen eine Karte mit zehn Abschnitten, die sie flexibel benutzen können. Um Schüler und Dozenten zusammenzubringen, wurde eine Stiftung gegründet: Stichting Bechstein Piano Educatie Nederland. »In den letzten zehn Jahren bemerke ich, dass der Staat sich immer mehr aus der Subventionierung des Musikunterrichts zurückzieht. Ich habe viele Schüler gehabt, die unter den Konsequenzen dieser Politik zu leiden hatten. Und für die Klavierlehrer ist es zunehmend schwieriger geworden, noch eine Anstellung in einer Musikschule zu finden. Wir aber schließen Verträge mit Klavierlehrern ab. Und mit den flexiblen Karten ermöglichen wir es den Erwachsenen, Klavierstunden mit einem ansonsten viel beschäftigten Leben zu kombinieren. Vielleicht beseitigen wir damit ja ein Hindernis bei der Entscheidung, überhaupt Klavierstunden zu nehmen. Es kommt vor allem darauf an, den Menschen zu vermitteln, welch wertvollen Besitz die Musik darstellen kann. Wer selbst spielt, hört auch häufiger

Musik, vergleicht unterschiedliche Aufführungen miteinander, achtet vielleicht darauf, wie ein Pianist eine bestimmte Phrase interpretiert. Die Basis der Pyramide wird nicht von heute auf morgen wieder so breit werden wie früher, doch könnte dieser Prozess sehr wohl mit einer flexiblen Unterrichtskarte beginnen.«

Es war für Smits selbstverständlich, das neue System gemeinsam mit Bechstein einzuführen. »Bechstein hat sich immer für Unterricht interessiert, gerade auch für das Unterrichten von Laien. Bechstein, die Muttergesellschaft, kann Musikliebhabern mit bescheidenen finanziellen Mitteln ein Klavier von hoher Qualität anbieten, und zwar mit den Marken Hoffmann und Zimmermann. Diese Initiative passt zu der Grundidee Bechsteins, von der Vergangenheit aus neue Wege zu beschreiten.«

Neue Wege zeichnen sich auch für Mattheus Smits ab. Reisegefährte und Führer ist sein Konzertflügel, der Bechstein, Modell E, aus den zwanziger Jahren, gebaut in der Reichenberger Straße in Berlin, geliefert von Kettner & Duwaer, verbunden mit dem Spiel von Wilhelm Backhaus, jetzt bald restauriert, damit wie neu, und immer durchzogen von dem Streben nach Harmonie.

Bechstein im neuen Millenium

Dem geneigten Leser sei ein Schlusswort über die Zukunft der Firma aus »Insidersicht« nicht vorenthalten. In den vergangenen Jahren hat sich Bechstein aus eigener Kraft wieder zu einem Unternehmen gemausert, über das man spricht. Die Medien berichten über die Entwicklung einer Firma, die sich klar zum Standort Deutschland bekennt und neben dem Firmensitz und Flügelcenter Berlin in Sachsen eine der international interessantesten Produktionsstätten aufgebaut hat.

Dem globalen Wettbewerb standzuhalten gehört zur Überlebensstrategie eines jeden Unternehmens. So werden kompetente Allianzpartner für weitere Produktlinien ausgewählt und neue Wege zur Internationalisierung beschritten. Aber nicht nur Qualitäts-Produktion, auch Absatzwege müssen sichergestellt werden. Bechstein ist auf dem Weg, mit repräsentativen Auswahlcentren in Europa den traditionellen Einzelhandel zu unterstützen.

Die neuen Bechstein-Profiflügel sind der Weg zurück auf die Konzertbühnen. Internationale Künstler begleiten erneut das Comeback ihres einstigen Weggefährten. Beginnend mit dem Jubiläumsjahr wird sich Bechstein noch mehr der Nachwuchsförderung widmen. Eigene Konzertreihen werden weiter ausgebaut, Partnerschaften zum Erhalt eines breiten kulturellen Lebens gepflegt und gestärkt.

Unsere Arbeit macht uns riesigen Spaß! Bechstein sagt Dank an alle, die mit ihrer Musik diesem Leben Freude geben. An die kleinen und großen Freunde aus aller Welt. Kreativität macht den Menschen zum Mensch. Lasst uns diese Welt zum Klingen bringen.

Biografien

Vladimir Ashkenazy, 1937 in Gorki (Russland) geboren, gehört zu den größten Pianisten unserer Zeit. Er studierte am Moskauer Konservatorium bei Lew N. Oborin. Mit 18 Jahren gewann er den 2. Preis beim Warschauer Chopin-Wettbewerb und 1956 den 1. Preis beim »Concours musical international Reine Elisabeth« in Brüssel. Daraufhin folgten Tourneen durch Amerika und Kanada. International bekannt wurde Ashkenazy, als er 1962 – zusammen mit John Ogdon – den Tschaikowsky-Wettbewerb gewann. Seit dieser Zeit spielt er mit den größten Orchestern und Dirigenten und dirigierte auch bald selbst an den bedeutendsten Pulten der Welt.
Ashkenazy, Exklusivkünstler bei DECCA, hat als Dirigent, als Pianist wie als Kammermusikpartner eine der größten Diskographien unter den lebenden Klassik-Künstlern überhaupt. Viele seiner Aufnahmen beanspruchen inzwischen Legendenstatus, z. B. Mussorgskis »Bilder einer Ausstellung«, Beethovens 32 Klaviersonaten, Rachmaninows 3. Klavierkonzert mit Haitink bzw. Previn, das gesamte Klavierwerk von Chopin, sämtliche Violinsonaten Beethovens mit Itzhak Perlman.
Ashkenazy war Musikdirektor des Royal Philharmonic (1987–1994), erster Gastdirigent des Cleveland (1988–1994) und des Philharmonia Orchestra sowie von 1989 bis 1999 Erster Dirigent und Musikalischer Leiter des Deutschen Symphonie-Orchesters Berlin. Seit 1997/1998 ist er Chefdirigent der Tschechischen Philharmonie Prag, 2000 übernahm er die Position des musikalischen Direktors des European Union Youth Orchestra.

Marina Brokanova studierte Musikwissenschaft am Moskauer Konservatorium. Unter anderem ist sie Leiterin der »Musikalischen Rundschau«, der einzigen russischen Zeitung, die sich der ernsten Musik widmet, Präsidentin der Russischen Vereinigung der Musikwettbewerbe und zweite Vorsitzende des Presse-Zentrums des Internationalen Tschaikowsky-Wettbewerbes.
Marina Brokanova veröffentlichte zahlreiche Arbeiten im In- und Ausland, hält Seminare für Musiker in Zusammenarbeit mit führenden Orchestern, Operntheatern, Konservatorien etc. sowie Vorträge in Rundfunk und Fernsehen. Darüber hinaus betreut sie Musikinstitutionen im Bereich Management und Marketing.

Carsten Dürer studierte Musikwissenschaft, Germanistik und Bibliothekswissenschaft in Köln und arbeitet seit 1984 als freier Musikjournalist für mehrere Redaktionen. 1994 gründete er den Staccato-Verlag, in dem seit 1997 »PIANONews – Das Magazin für Klavier und Flügel« erscheint, für das Carsten Dürer als Herausgeber und Chefredakteur zeichnet. Neben dem einzigen deutschen Klaviermagazin verlegt der Verlag auch anspruchsvolle pädagogische Bücher im Bereich Klavier.

Norbert Ely wurde 1941 in Berlin geboren. Die Jugend verbrachte er in Frankfurt am Main, wo er nach dem Abitur Philosophie und Musikwissenschaft studierte. Nach ersten Jahren als Lokalreporter war er als Musikkritiker tätig, bevor er ab Mitte der siebziger Jahre als freier Autor und Moderator für mehrere Rundfunkanstalten und vor allem für das ZDF arbeitete. 1987 ging er als Musikredakteur zum damaligen RIAS Berlin, später DeutschlandRadio Berlin. 1995 wechselte er zum Deutschlandfunk in Köln, wo er seit 1999 das Ressort Kammermusik verantwortet. Er veröffentlichte zahlreiche CDs, mehrere Bücher vor allem zum Thema Musiktheater und ist Mitautor des Buches »Faszination Klavier« (Prestel Verlag).

Wolfram Goertz, 1961 in Mönchengladbach geboren, studierte Musikwissenschaft und Philosophie in Köln und Bochum sowie Kirchenmusik in Aachen. Seit 1978 arbeitet er als Musik- und Theaterkritiker, unter anderem für die »Süddeutsche Zeitung«, die »Neue Zürcher Zeitung«, viele Rundfunkanstalten und seit 1998 für »DIE ZEIT«. Seit 1989 ist er Musikredakteur der »Rheinischen Post« in Düsseldorf. Für seine Musikkritiken erhielt Goertz 1994 den Förderpreis für Literatur der Landeshauptstadt Düsseldorf. 1991 gründete er den Jazzchor der Hochschule Niederrhein, mit dem er viele Konzerte im In- und Ausland gegeben hat. Als Organist trat er in ganz Europa auf. Daneben ist er Juror bei namhaften Wettbewerben. Seit 2000 ist Goertz Lehrbeauftragter für Interpretationsanalyse an der Musikhochschule Düsseldorf.

Dieter Hildebrandt, geboren 1932, lebt als freier Schriftsteller im Spessart. Nach Studienjahren in München, Bonn, Berlin und Washington State arbeitete er zehn Jahre lang für die »Frankfurter Allgemeine Zeitung«, davon die meiste Zeit als Kulturkorrespondent in Berlin, seiner Geburtsstadt. Später war er Lektor im Suhrkamp Verlag und von 1972 bis 1975 Dramaturg am Schiller-Theater und Programmatiker der »Berlinischen Dramaturgie«. Neben vielen anderen veröffentlichte er zwei Bücher zur Kulturgeschichte des Klaviers: »Pianoforte – der Roman des Klaviers im 19. Jahrhundert« und »Piano, piano – der Roman des Klaviers im 20. Jahrhundert«, erschienen beim Hanser Verlag und im dtv-Verlag. Sein Dokumentarfilm »Der gelbe Stern« (zusammen mit Gerhard Schoenberner) erhielt eine Oscar-Nominierung.

Hellmuth Karasek, geboren 1934 in Brünn, studierte Germanistik, Geschichte und Anglistik in Tübingen, wo er 1958 promovierte. 1960 begann er als Redakteur bei der »Stuttgarter Zeitung«, wo er – nach einjähriger Unterbrechung, in der er als Chefdramaturg des Württembergischen Staatstheaters tätig war (1965/1966) – zum Feuilletonchef avancierte. Er wechselte 1968 zur Wochenzeitung »DIE ZEIT«, von 1974 bis 1991 arbeitete er als verantwortlicher Redakteur im Kulturressort des »Spiegel«. Bekannt wurde Karasek u. a. als Mitglied des »Literarischen Quartetts« im ZDF von 1989 bis 2001. Er veröffentlichte zahlreiche Bücher (z. B. 1992 eine Biographie über Billy Wilder und 1998 den Roman »Das Magazin«) und Theaterstücke. Heute ist er Mitherausgeber des »Tagesspiegel« und lebt in Hamburg und Berlin.

Berenice Küpper, 1957 in Duisburg geboren, studierte Klavier und Gesang in Philadelphia (USA), Köln und Hannover. Parallel zu verschiedenen Lehrtätigkeiten – zuletzt an der Hochschule für Musik »Hanns Eisler« in Berlin – erfolgten weitere Studien in den Fächern Japanologie, Musikwissenschaft, Ethnologie in Göttingen und Berlin. Dem schloss sie eine weitere Hochschulqualifikation in Kulturmanagement/Marketing an. Berenice Küpper spricht sechs Sprachen und gehört seit 1992 zu dem Unternehmen Bechstein Berlin, wo sie zunächst den PR-Bereich und später die Marketingleitung übernahm.

Donald Niedekker lebt als freier Schriftsteller und Journalist in den Niederlanden. Er publizierte in Zusammenarbeit mit dem Fotografen Harold Naayer die Bücher »Berlijn/Berlijn«, »Horizon Marseille« und »Liverpool, Lovelypool«. 2002 erschienen von ihm bei Uitgeverij Vassalluccci in Amsterdam der Roman »Hier ben ik« und das Theaterstück »De garderobier«.

Franz Xaver Ohnesorg wurde 1948 im oberbayerischen Weilheim geboren. Nach der Ausbildung zum Flötisten und dem Studium der Betriebswirtschaftslehre, das er als Diplomkaufmann abschloss sowie Studien in Musik-, Theaterwissenschaften und Kunstgeschichte, arbeitete er als freier Journalist für verschiedene Rundfunkanstalten. 1978 wurde er erster Orchesterdirektor der Münchner Philharmoniker und gewann Sergiu Celibidache als neuen Chefdirigenten. Ende 1983 wechselte er nach Köln, um mit der Eröffnung der Kölner Philharmonie im September 1986 eine über dreizehn Jahre währende Erfolgsgeschichte eines zeitgemäß geführten Konzertsaals einzuleiten. Nach 16 Jahren Köln wechselte Ohnesorg als erster Deutscher in der damals 108-jährigen Geschichte des berühmtesten und wichtigsten Konzerthauses der Welt an die New Yorker Carnegie Hall. Nach zweieinhalbjähriger Reformarbeit folgte er dem Werben der Berliner Philharmoniker, um als deren Intendant den Aufbau der Stiftung Berliner Philharmoniker zu leisten und die Ära des neuen Chefdirigenten Sir Simon Rattle künstlerisch und organisatorisch vorzubereiten. Diese Arbeit beendete Ohnesorg zum Jahresende 2002, um sich künftig von Köln aus dem von ihm seit 1997 geleiteten Klavier-Festival Ruhr verstärkt widmen zu können.

Alfredo Perl, geboren 1965 in Santiago de Chile, studierte zunächst in seiner Heimatstadt bei Carlos Botto, später bei Günter Ludwig in Köln und Maria Curcio in London. Seit seinem ersten Auftritt im Alter von neun Jahren gab der Künstler unzählige Konzerte an den weltweit bedeutendsten Konzertstätten: Queen Elizabeth Hall in London, Rudolfinum Prag, im Großen Musikvereinssaal in Wien, dem Herkulessaal in München, Hamarikyu Asahi Hall in Tokio, Teatro Colon Buenos Aires, National Arts Center Ottawa, Sydney Town Hall, Wigmore Hall in London u. v. a. Der Preisträger bedeutender Wettbewerbe, der außerdem mit einer Vielzahl internationaler Orchester spielt, gehört zu den führenden Pianisten seiner Generation.

Peter Rummenhöller, geboren 1936, ist Professor für Musikwissenschaft an der Universität der Künste Berlin. Er studierte Musikwissenschaft (Promotion 1963), Germanistik und Philosophie und ist ausgebildeter Pianist und Klavierpädagoge. Neben zahlreichen Veröffentlichungen über die Geschichte des Klaviers und Musiktheorie sowie von Epochendarstellungen (»Die musikalische Vorklassik« und »Romantik in der Musik«), trat er immer auch als Pianist, Klavierbegleiter (mit dem Cellisten Maurice Gendron) und Kammermusikspieler (»Duo Quatre Mains«) auf. Zu seinem 60. Geburtstag erschien die Festschrift »Musik befragt, Musik vermittelt«.

Joachim Sartorius wurde 1946 in Fürth geboren. Nach dem Jura- und Politik-Studium und anschließender Promotion in München, London, Strassburg und Paris arbeitete er im Auswärtigen Dienst in New York, Ankara und Nikosia. 1986–1994 leitete er das Künstlerprogramm des DAAD in Berlin, war 1996–2000 Generalsekretär des Goethe-Instituts in München und ist seit 2001 Intendant der Berliner Festspiele GmbH. Er gehörte zur Jury u. a. des Europäischen Literaturpreises »Aristeion« und veröffentlichte selbst drei Gedichtbände, zuletzt: »Keiner gefriert anders« (1996, Kiepenheuer und Witsch), dazu zahlreiche Aufsätze zu Kunst, Literatur und Kulturpolitik. Außerdem ist Joachim Sartorius als Übersetzer neuer amerikanischer Lyrik und als Herausgeber der Gesammelten Werke von Malcolm Lowry und William Carlos Williams, des »Atlas der neuen Poesie« (1995) und der »Minima Poetica« (1999) bekannt geworden. 1998 erhielt er den Paul-Scheerbart-Preis.

András Schiff, geboren 1953 in Budapest, ist einer der international renommierten Konzertpianisten unserer Zeit. 1974 war er Preisträger beim Moskauer Tschaikowsky-Wettbewerb, 1975 in Leeds. Schiff, der in Budapest und London studierte, widmet sich vor allem zyklischen Aufführungen der Klavierwerke von Bach, Haydn, Mozart, Beethoven, Schubert, Chopin, Schumann und Bartók. Seine Meisterschaft wurde in einer Fülle von Einspielungen dokumentiert, von denen u. a. jene von Werken Bachs, Schuberts, Beethovens und Mozarts Referenzaufnahmen sind. Von 1989 bis 1998 leitete er das Kammermusikfestival »Musiktage Mondsee«, 1995 initiierte er gemeinsam mit Heinz Holliger die »Ittinger Pfingstkonzerte« in der Schweiz. 1999 gründete Schiff, der auch häufig als Dirigent tätig ist, sein eigenes Kammerorchester, die »Cappella Andrea Barca«.
Für sein Schaffen erhielt András Schiff, der in allen bedeutenden Konzertsälen dieser Welt zu Hause ist, unter anderem 1991 den Bartók-Preis, 1994 die Claudio-Arrau-Gedenkmedaille der Robert-Schumann-Gesellschaft Düsseldorf, 1996 den Kossuth-Preis, die höchste ungarische Staatsauszeichnung, und 1997 den Léonie Sonnings Music Prize in Kopenhagen, den wichtigsten dänischen Kulturpreis.

Mattheus Smits wurde in Heerlen, Niederlande, geboren. Sein Lehrer war der niederländische Pianist Johan Ligtelijn, selbst Schüler Walter Giesekings und Frédéric Lamonds. Während einer zwanzig Jahre währenden Freundschaft mit Jorge Bolet wurde Smits vertraut mit der romantischen Tradition in der Musik. Smits ist Präsident von The International Ervin Nyiregyházi Foundation und Vorsitzender der Stiftung Bechstein Piano Educatie Nederland.

Anatol Ugorski, 1942 in Sibirien geboren, zählt zu den namhaften Pianisten unserer Zeit. Er erhielt seine Ausbildung am St. Petersburger Konservatorium und begann 1962 seine Konzerttätigkeit, die ihm aufgrund seiner Vorliebe für Werke des 20. Jahrhunderts (Messiaen, Schönberg) Ressentiments von staatlicher Seite einbrachte. Erst 1982 wurde ihm gestattet, eine Professur am Leningrader Konservatorium zu übernehmen. Antisemitische Strömungen bewirkten 1990 Ugorskis Emigration nach Deutschland.
Ab 1992 gab Ugorski eine Serie bejubelter Debüts, die seinen Ruhm begründeten und ihm in Verbindung mit seiner berühmten Einspielung von Beethovens »Diabelli-Variationen« für die Deutsche Grammophon schnell die Konzertsäle der Welt öffneten. So konzertiert er heute z. B. in Berlin, München, Leipzig, Zürich, Wien, Mailand, Brüssel, Kopenhagen, Amsterdam, Athen, in den USA, Australien, Japan und dem fernen Osten. Darüber hinaus ist Ugorski Professor an der Musikhochschule Detmold.

Die Interviews mit den Künstlern führten Berenice Küpper, Wolfram Goertz (Herbert Blomstedt) und Dr. Leander Hotaki (Lazar Berman, Christian Thielemann, Lars Vogt, Christian Zacharias)
Übersetzung des Textes von Donald Niedekker, **Ein Leben mit Bechstein,** aus dem Niederländischen: Marianne Holberg

KLANG VON RANG
CB
C. BECHSTEIN
BERLIN
PIANOFORTE FABRIK GMBH

C. BECHSTEIN

by C. BECHSTEIN Berlin

Firmen-Logos im 20. Jahrhundert

Bildnachweis

Archiv der Autorin 128 l., 129, 130 r.
Archiv des Autors 86, 89, 90, 91 r.
David Baltzer/Zenit 56
Bechstein Archiv 2, 64–66, 80 M. 2. v. l., u. l., M., 81 bis auf u. r., 82/83, 94/95, 98–100, 102–104, 106, 107 l., 108, 113, 114 u., 115–119, 120 l., 121 M. und u., 122, 123 r., 124 o., M., 130 l., 143
Stefan Beetz 59
Bildarchiv Preußischer Kulturbesitz 120 r.
Boris-Pasternak-Museum Peredelniko 128 r.
Concerto Winderstein 19
Dorothee Falke 29
Glock/Bechstein Archiv 121 u.
Hans-Dieter Göhre 42
Husch/Bechstein Archiv 121 M.
Lothar Jung 26/27
Kiehl/Bechstein Archiv 123 l.
Konzertdirektion Hans Adler 80 o. l.
Heinz Köster 81 o. r.
Kranichphoto 28
Andreas Krebs 72
Holger Krull 36–41
Künstlersekretariat Astrid Schoerke 76
Lipnitzki 80 M. l., 81 u. r.
Werner Mahler/Ostkreuz 6/7, 15, 50–55, 77, 78/79, 136, 143
Nationalarchiv der Richard-Wagner-Stiftung Bayreuth 107 r.
Petraschk, K.A./Bechstein Archiv 101
Privat 139, 140, 141, 142
Vivianne Purdom /Decca 23
Vivianne Purdom 33
Wolfgang Reese 49
Arne Reimer 46
Frank Reinhold 71
Tim Richmond/Emi classics 43
Thilo Rückeis 68
Staatliches Institut für Musikforschung Preußischer Kulturbesitz 67, 91 l.
stilwerk 124
ullstein bild 114 o. und M.
Thimothy White/sony classical 22
Willott/Bechstein Archiv 121 o.

Seite 16 o. v. l.: Dorothee Falke, privat, Manfred Esser, privat, Frank Reinhold; M. v. l.: Deutsche Grammophon/Gabriella Brandenstein, Künstlersekretariat Astrid Schoerke, Jens van Zoest, Marco Anelli, Lois Greenfield; unten v. l.: Peter Mountain, Vivianne Purdom, Timothy White/sony classical, Bernd Noelle, privat
Seite 17 o. v. l.: Enrico Lugoboni/Segretaria artistica, Sefik B. Yüksel, Johannes Grau, Vivianne Purdom/Decca; M. v. l.: privat, Hans-Dieter Göhre, Franco Santi, privat, Susesch Bayat, markus broehl : artists and concerts, Concerto Winderstein, Bernd Noelle, Hans-Dieter Göhre, Marco Borggreve

Leider war es uns nicht möglich, alle Rechteinhaber zu ermitteln. Wir bitten sie, sich an den Verlag zu wenden.

Lektorat: Antonia Meiners und Sophie Zeitz, Berlin
Gestaltung: Pauline Schimmelpenninck, Berlin
Satz und Repros: Mega-Satz-Service, Berlin
Druck: Medialis, Berlin
Bindung: Kunst- und Verlagsbuchhandlung, Leipzig

Printed in Germany
ISBN 3-87584-963-9